李鸿章传

〔英〕布兰德◎著

傅蔚 卫昱 周蕾◎译

长江出版传媒

长江文艺出版社

图书在版编目（ＣＩＰ）数据

李鸿章传 / （英）布兰德著；傅蔚，卫昱，周蕾译
. -- 武汉：长江文艺出版社， 2019.3
（一世珍藏名人名传精品典藏）
ISBN 978-7-5702-0035-1

Ⅰ. ①李… Ⅱ. ①布… ②傅… ③卫… ④周… Ⅲ.
①李鸿章（1823-1901）一传记 Ⅳ. ①K827＝52

中国版本图书馆 CIP 数据核字(2017)第 300069 号

责任编辑：施柳柳　　　　　　　　责任校对：陈　琪
封面设计：格林图书　　　　　　　责任印制：邱　莉　　王光兴

出版：　长江出版传媒　长江文艺出版社

地址：武汉市雄楚大街 268 号　　　邮编：430070
发行：长江文艺出版社
电话：027—87679360
http://www.cjlap.com
印刷：中印南方印刷有限公司

开本：710 毫米×970 毫米　　　1/16　印张：12.5　插页：5 页
版次：2019 年 3 月第 1 版　　　2019 年 3 月第 1 次印刷
字数：161 千字

定价：39.80 元

序言

　　英国下议院的大厅上演了许多激动人心的仪式，如议长先生在权杖的引导下，在牧师、秘书的陪同下进行每日列队巡视；还有定期出现在国会开幕仪式上的黑杖侍卫，他用手杖敲击三下庄严紧闭的下议院大门，以此召集下议院议员来上议院开会。然而我所见过令人印象最为深刻的场景，发生在数十年前的一个夏日午后。正当我准备离开议院，我被叫去面见李鸿章，他刚进来准备去听一场辩论。他是一个来自另一世界的陌生人，却光彩夺目。他身材颀长，表情和善，身着蓝色长袍，步态举止高贵大方，嘴角挂着礼貌的微笑，表明他对见到的一切都很欣赏。就其外貌特征而言，很难想象这一代人或上一代人中谁能够亲近李鸿章，并不是因为他给人以功勋卓著或位高权重的印象，而是因为他的风采中散发出高贵的人品，在凡夫俗子看来，他近乎神仙一般自信超然，同时又是深谙世故的谦谦君子。

　　李鸿章在这方面非常具有代表性，因为对于他神秘的祖国来说，这是超凡脱俗的特点。当我们还是用菘蓝涂抹战士身体的蛮荒人，中国人已经处于文明社会，某些方面甚至在今天也超越了我们的文明。随着他们经历政治上的兴衰变迁，中国人孕育出一种高标准的文化，一种对于其他地域的优越感，一种不为自身或其他国际政治利益所扰乱的人格尊严。毫无疑问，这些特点源于他们的闭关自守。正如1715年陪同彼得大帝的使节觐见中国皇帝的约翰·贝尔先生在其报告中所说：

"中华帝国在一定程度上独立于世界其他地区，其所处位置气候宜人，有益健康，东南两面环海，西北两面高山耸立、群山环绕，著名的长城就蜿蜒建在山上，形成另一道屏障。然而在我看来，帝国能够抵御外来侵略除了前面提到的，更大的保障来自向西绵延百里的沙漠……南边与东边的海洋是开放的，中国可能在那边遭受攻击；但我相信，没有哪位君主会理所当然地打破本国人民和强大的中国人民的安宁，因为后者愿与邻邦和平共处，对其属地也心满意足。"

约翰·贝尔的预言持续了一百年，接着就如同他推测的那样，南部和东部开放的海域遭到了袭击。19世纪的历史之所以关注李鸿章，是因为他是中国第一位名副其实的政治家，奉命去处理祖国古老体制遭遇的危机。由于其出身、教育和天性的缘故，李鸿章自然地沿袭了蔑视外族的民族传统，但他仍是中国人中第一个认识到"洋鬼子"不可忽视，"洋鬼子"已经到来而且将会卷入中国政治。布兰德先生的著作说得很明白，李鸿章有许多严重的缺陷，这对于一个主要兴趣不在政治方面的民族而言是自然而然的。但是，论及灵巧娴熟地引领国人进入无法避免的国际政治舞台，无人能出其右。尽管他有缺陷，但无可厚非他为自己和中国在世界上赢得了一席之地，重要性远远大于其本身。简而言之，李鸿章为中国历史上旷古未有的一种外交政策奠定了基础。

贝斯尔·威廉姆斯1917年3月于切尔西

目　录

第一章

引言——初绽头角的李鸿章和当时的中国

1850 年后，一系列变革改变了中国人的结构与行为——身为这其中许多变革的实际发起人，李鸿章无疑可跻身 19 世纪缔造者之列。但正如赫伯特·斯宾塞在其对"伟人"这一历史概念的批判性分析当中所指出的那样，我们须时刻牢记，作为所有前尘往事的产物，"伟人"必须与孕育伟人的社会中所有其他现象放在一起考量。作为整个时代的有机组成部分，伟人和这个时代所有的一切一起，都是各方力量多年合力作用之下形成的结果。

李鸿章堪称中国现代伟人当中最杰出的代表——想要对其事业有一个公正的评判，我们应当从这一角度研究其起步，并对李当时所处环境的主要社会和政治影响力进行仔细探究。

因此，在记述李鸿章毕生事业及其对中国现代历史的影响之前，最好能对其政治生涯起步之初中国的总体环境，特别是欧洲物质文明带来的强大冲击进行一个大致的回顾。对太平天国运动进行武力镇压，这是李鸿章辉煌的政治生涯中非常重要的开始。彼时，西方军队

△ 1896 年，李鸿章。

和商人对中国一直引以为豪的闭关锁国、自给自足状态进行入侵的现象已成常态，显然，这注定导致了中国人心态和习惯的重大变化。新力量如此猛烈地冲击着这个天性抗拒变化的民族，这令改变的进程注定艰辛，对国家的政治制度也带来了很大风险。李鸿章是一个天生的政治家，他立刻就意识到新力量的强大，并意识到需要对中国古老的教育和行政体系进行锐意变革，以适应这些全新的力量（当时的日本便是一个成功的典范）——这是当时绝大多数官员都没有想到的。经过长达几个世纪的闭关锁国和自己自足，事实证明，中国政府治国之道的原则和传统在维持本国这种基于道德力量基础之上的独裁体系，以及以单一延续性为特点的文明形态是非常行之有效的。而李鸿章之所以伟大，同时也是他政绩辉煌的漫长职业生涯中的一个最主要的基调便是——李鸿章从一开始就意识到，在西方世界的蒸汽机和先进的军事科学的急速碾压之下，中国许多古老的传统都将被抛弃在容纳无用或过时之物的废弃场中。而李鸿章试图带领国人早日认识这一事实，并尽可能把环境急速变革带来的风险降到最低的努力注定会失败——这并不仅仅因为中国人从本质上无法应对快速变革，更是因为，在某些非常重要的方面，李鸿章自己仍然是一个彻头彻尾的满清官吏。不可否认的是，李鸿章颇具野心又贪图钱财，他的许多功绩因此而蒙尘，效用也受到损害；就连其最具进步性的追求，也常常因他身上儒士与生俱来的偏见而大打折扣。依其所见，他就是光明的象征，周围深邃的黑暗把他的光辉衬托得尤为明亮——他满怀勇气，忠心爱国，身心活力异常，潜力无限；且无论在顺境还是逆境当中，均展现出许多可贵的品质。但归根结底，李鸿章从本质上仍然是所有前尘往事的自然产物，他身上不可避免地被打上了时代的烙印，他的所有品质与缺点恰恰是其所处时代的体现和缩影。

让我们来简单看一看李鸿章初入政坛时中国社会的大体环境。1851年，太平天国运动取得重大进展——后来，正是通过对太平天国运动的镇压，李鸿章首得慈禧青睐，在同僚中亦赢得口碑。李鸿章时年28岁，刚以优异的成绩通过殿试并迅速跻身学者济济的翰林之列。当时太平天国声势浩大，横扫清廷13年，波及9个省份，1亿人口因此而丧生。纵观中国历史我们不难看出，这种周期性重复发作的破坏性变革正是中国社会体系之下的经济状况引发的必然结果。正如笔者在其他作品中曾指出的：

> 回顾唐末以后（大致与西方诺曼征服同一时期）的中国历史我们便会发现，历史总在一次次重演——暴力抗争，伴随大规模杀戮的"气数已尽"王朝的覆灭，动乱和修养生息的不断交替进行。在这样一个不断向人们灌输消极抵抗的思想，无节制生育观念如宗教般根深蒂固的社会中，一切都有节奏地发生着，一切都那么有迹可循。这里的经济压力是欧洲人从未经历过的——偶尔能从压力中喘口气来，也是以导致人口锐减的激烈的社会巨变为代价的。在世人的记忆中，这一切都曾被目睹——用了整整一代人的时间，在太平天国以及西北回民反清运动中沦为荒芜之地的省份所流失的人口被周边省份的人口填补了起来，但到了下一代，这些地方又再次被饥荒的阴云所笼罩。

只要中国继续在地理上闭关锁国，在政治上自给自足，这些定期发作的动乱、杀戮和血光之灾，这些无节制的繁衍以及对过剩人口的大规模毁灭就会被统治者认为是理所当然，被其视为是人类不可逃避的命运。在艰苦卓绝的生存斗争中不断加强的自愈能力，国家体制强大的凝聚力——这些优秀的品质在灾难周期性的发作中总能被成功激发。即使历经苦难，中国这一世界上最古老而伟大的文明仍得以建立。由于遵循道德治国而不是武力治国，中华文明得以千年屹立不倒，这绝非其他任何文明所能够比拟。但太平天国运动不同于之前的武装斗争，它甚至没有机会自然发展，没能一举推翻大清王朝这一历经三代帝王已然开始走向衰退、无力再用道德力量治理的王朝。在此之前，外国人介入了，他们带着长枪大炮，站在了腐朽无能的满清政府这边。大清王朝的地位虽然保住了，但其权威地位遭到彻底撼动，且无望完全复原。只要稍微有点儿文化的人就会发现，变化的危险正随时逼近，整个国家的前途笼罩在一片暗影当中。作为曾国藩手下的一名军事指挥官，根据自己在战场的实战经验以及同戈登、华尔、白齐

△八国联军士兵。

文还有其他外国人的接触，李鸿章很快便意识到，这些洋夷所拥有的力量是中国久经考验的兵法或治国之术所无法抗衡的。李鸿章头脑清醒，洞察力敏锐，他预见到了这种情况将导致的必然结果；他意识到，如果仍坚守传统固步自封，中国将永远无法重建旧的秩序，甚至失去其主权和独立。此后，李鸿章一生均致力于努力使国人意识到这一真理。而他之所以被视为19世纪的缔造者之一，也是因为他在此方面取得了一定成功，其进步思想及执政之道对现代中国产生了影响。而影响是什么，又是如何产生的，这正是本书的目的。

　　李鸿章意识到西方的影响意义深远，有必要对中国的行政和国防体系进行重组以应对这种变化——这在他1867年上呈给清廷的一份奏疏中表达得非常明确。这份奏疏非常重要，它是一把钥匙，有助于我们对李鸿章作为外交家和清朝官吏的整个职业生涯有所了解。后文在适当的时机，我们会用更多的笔墨谈谈这篇奏疏。在这里我们只需要知道，对于时任湖广总督的李鸿章来说，能够意识到西方国家无论在政治体制还是在军事力量上都技高一筹，并撰文大胆呼吁创新，这本身就是一项了不起的壮举。向清廷呈上如此一份奏疏究竟需要多大的勇气，我们需要了解中国当时的政治环境以及李鸿章的同僚——各省巡抚以及中央官员们——都普遍处于一种怎样的心智水平。总的来说，那个时候的清朝政府、大理寺、高级官员和儒生文人们大体上仍处于与外界隔绝的状态，这是两千年来中央王朝统治者的一贯风格。

对于那些对中国的行政体系不甚了解的读者来说，在这里有必要对其主要特征，特别是在最后几位满洲统治者治下的具体情况进行简要介绍，以帮助读者更好地理解这位清朝著名大吏的职业生涯。从理论上讲，从远古时代到 19 世纪初，中国的政府是绝对的独裁政府，这是帝国主义的一种原始形态，是基于祖先崇拜，基于因儒家体系的一贯性而彻底融入中国人生活的家长制度的基础之上的。但事实上，当时的满清皇帝（除了乾隆这种乾纲独断的帝王以外）充其量也就只是政府体系之上一个装饰性的顶盖而已。皇帝每天的一言一行和所有的细节都受到清廷各种法规条文、条条框框的限制和制约，本应是天之骄子的帝王反而成为困在紫禁城高墙之内的囚徒。在家长制度中，皇帝处于天定的中心位置，其任务就是以大祭司的身份主持各种圣贤典籍里早已定好规矩的庄严典礼。事实上，在个人享有的主动权方面，皇帝的主动权甚至比不上那些最基层的官员。甚至是在自己的皇室专款和国家金库这样重要的事情方面，作为一国之君的皇帝也要获得官员的支持，甚至在不得已的情况下，还要取得百姓的支持和认可。正如本届政府的实际情况，专制的权力实际上都掌握在官僚的手里。但即使如此，历史表明，这种权力仍受到百姓自作主张的造反权的制约；还有一个基本的事实也限制了这种权力，那就是，中国的行政体系下权威的建立是以道德而不是武力为基础的。也正是因此，理论上中国官僚体系的独裁属性在实际中往往会被民众的民主本能所调和。

已故 W.F. 梅耶斯先生曾于 1877 年在其有关中国政府的经典著作中指出：

中国的建立依赖于无处不在的官僚群体。他们是中国教育制度的产物，身体力行地实践着基督教时代来临之前在中国已实行了数世纪的行政准则，并在个人利益的驱使之下拒绝引入任何与旧的理念相悖的理念和原则。

在这一精准的描述之后，梅耶斯又及时给乐观的理想主义者奉上了警戒箴言，因为即使在当时，这些人仍预言，中国人的国民性格以及全部政治体制将会发生急剧的突变。梅耶斯写道：

对于这种状况的了解也许有助于修正那些过于乐观的观点——这些观点认为，无论是政府还是人民，中国都将迅速走上欧洲之路。为了取得实质性成果，在追求那些眼下暂时被忽略的主义和原则的过程当中，我们需要摒弃这个国家的信仰中一些最为珍视的原则，把文人崇拜的偶像赶下神坛，放弃世人所公认的我们所有荣耀的源泉。而要导致这种变化的发生，如果不是革命的结果，通常都是到了非变不可的时刻；倘若指望其自然而然地发生，终究只能是痴心妄想。

太平天国运动所带来的长久混乱和动荡彻底动摇了满清政府的权威，令其元气大伤而无法彻底复原。但官僚阶层的权力和特权却丝毫没有受到撼动，官员们依旧颐指气使，自负傲慢。只有一个新的变化就是，1860年之后，清政府设立了一个专门处理外交事务的部门，这个以前的政府机构中所没有的全新部门就是大名鼎鼎的总理衙门——总理衙门其实不能算得上是一个完全独立的部门，且随着时间的发展，因为人员和人事构成的关系，越来越被视为是早已僵化腐朽的内务府的一部分，且忠实反映了后者虽偶有浮动，但总体来说僵化保守的状态。三十年来——即李总督职业生涯中很大一部分时间里——总理衙门的主要功能就是充当中国行政部门和外国驻北京代表之间的缓冲器；其活动起到了制约而非扩展中国外交关系的作用。一直到 1890 年以前，在清政府的所有官方机构名录中，都遗漏了对总理衙门的提及，这实际上正强调了这个部门可有可无的地位。在后面的章节中我们会提到，1870—1895 年间，中国外交事务的权力实际上掌握在身兼总督和北洋通商大臣双重身份的李鸿章手中。中日甲午战争之后，1896 年，李鸿章从直隶总督卸任，进入总理衙门。1901 年，外务部建立并取代了之前的总理衙门，李鸿章有幸活着见证了这一天。外务部所享有的权力和声望正反映了旧秩序的无能，同时也说明了，虽然姗姗来迟，但慈禧太后终于开始转变观念、接受新的政府形式。倘若李鸿章活得再久一些，可以坚持到满清王朝的覆灭和 1911 年辛亥革命的爆发，他将再次目睹满清传统是如何在这次巨变的混乱当中再一次全身而退毫发无伤，并且在政治经济的巨变和改革当中仍能保持唯我独尊的超然地位的。同时他也将再次目睹，在新旧中华的冲突和交替之时，官僚阶级又是如何岿然不动，超然之上的。

在李鸿章从政期间，皇帝表面上享有的独裁权力实际上掌握在由朝廷任命的中央和各省高官手中。乾隆之后，从 18 世纪末开始，由于皇室武装和道德力量的日渐衰落，满人声望日下，统治地位不稳，这些慢慢在不断扩大的汉满高官比中体现了出来。到 20 世纪初，汉族官员无论从数量还是级别上都把满族官员远远甩在了身后。也正是因此，1860 到 1901 年间，朝廷官员和中央各部的直接动议权逐步丧失，其职能逐渐向监管和劝诫过渡。是自古以来皇帝可以不问缘由通过圣旨随意罢免官员的权力，以及民众对儒家传统教义的笃信和敬畏之心，才使得慈禧太后得以在有生之年在这种飘忽不定的平衡之中，通过其手腕和治国之术令风雨中的帝国仍勉强支撑。

除了在皇帝身边以顾问身份依法处理国家日常事务的军机处和在满清政府治下已基本沦为象征性部门的内阁，皇帝主要通过在京的六部九卿，各省督抚的奏疏以及都察院的建议管理国家。御史（共 56 人）的特殊职责是就影响政府行为和国计民生的大小事务向皇帝汇报并提出建议。两千多年来，朝代变迁，御史的这种特权地位一直岿然不动。即使在现在，在所谓的民国体制之下[1]，御史仍然是一成不变的中国官僚政治制度中的一部分。满清末年，公职部门腐朽败坏的风气在都察院中反映了出来；"皇帝的耳目"过于频繁地任由最高发令者支配，其活动也沦为政治立场敌对的派别实现自己基本目的的工具。但他们当中总是不乏一些正直勇敢的斗士，他们坚定不移地追求黄金年代都察院创立之初的最初目的，公然抨击公职人员的腐朽，以上诉法庭的身份对抗上层不公正的行为。更有一些人，他们秉承御史神圣职责之传统，大胆行使权力，甚至批评朝廷及慈禧本人滥用职权。但大多数情况下，御史的主要工作都是一些阴谋诡计、收买情报和对李鸿章等高官的算计——这些高官位高权重，口袋满满，难免引得"局外人"想要联合起来，趁火打劫掠夺一把。

最后，在看得见的权威机构背后，在"宫墙深处"万尊之躯君王身边整日形影不离近身服侍的，是那些内廷宦官们。嘉庆之后，宦官对国家事务的影响与日俱增。之后的咸丰帝管理松散，宫廷内侍羽翼日渐丰满，更加变本加厉，昔日导致明朝下场凄惨并最终亡国的宦官专权的现象再次出现。咸丰死后，遗孀慈禧摄政，近侍大太监的影响日盛，宫禁之中，以及王朝所有级别的官衔和任命都全凭皇帝的喜好来。天性谨慎的李鸿章对以慈禧为代表的君主忠心耿耿。对于利用不义之财同慈禧最宠爱的宦官，特别是太监总管李莲英结交，李鸿章可以说是毫不犹豫。从1870年开始直到1908年慈禧逝世，李莲英权倾朝野，对清朝宫廷政治影响深远。按照清朝的皇室例律，宦官不得担任官职，也不得以任何借口离京。一直到咸丰之前，有关规定都非常严格。但慈禧摄政期间，权力到了太监手里，当初导致明末宫廷衰退的腐败阴谋和勾心斗角再次上演。在慈禧的庇护之下，宦官滥用权力的情况愈演愈烈，1898年戊戌政变之后，慈禧面前的红人、慈禧私人小金库的保管者李莲英甚至公开夸口，说自己能成就也能毁灭哪怕是最高级别的高官，对身处皇位的光绪帝的权威也丝毫不放在眼里。在其职业生涯中的很多时候，李鸿章都被束缚住了手脚，想要推行的政策也

李鸿章传

〇一二

[1] 译者注：本书出版于1917年。此处所指为中华民国。

△ 慈禧。

常常被李莲英及其遍布各地爪牙的阴谋所破坏——这其中最著名的事件，一次是中日甲午战争之前为海军筹措资金，另一次是后来与俄国达成的秘密协议。即使在光绪成年亲政的 1889 到 1898 年间，慈禧太后表面上退休了，住在颐和园颐养天年，李莲英这只看不见的手仍通过慈禧太后操纵着高官的任免，并由此汲取丰厚的油水。

这些宫中的"谄媚小人"和京城各部与都察院冥顽不化的官僚一样，他们从一开始就反对李鸿章倡导的自由思想和改革措施；而李鸿章远见卓识，他认为想要拯救中国，这些东西必不可少。

1901 年，义和团运动引起巨大骚动。鹭宾·赫德爵士（此人对中国问题一向乐观）把中国统治阶级一成不变的态度归因于自豪感——"中国人得天独厚，乐而无忧，具有与生俱来的自豪感"。义和团运动之后，中国人这种超然疏离的态度也因世事无情的现状开始有所改变。但想当时，李鸿章曾一针见血直指核心，试图诉诸理性呼吁变革，中国人"民族的自豪，知识分子的自豪、文明的自豪以及无上权力的自豪"都岿然不动。我们也许不赞成这种天生固执、逃避现实的自豪感，但不得不敬仰这个民族不屈不挠的精神，他们坚信道德终将战胜武力，真理必定打败强权，在纷繁的国际局势中仍坚持闭关锁国，独善其身，并视一切外来的东西为外部的黑暗。

无论在道德还是智力层面，李鸿章事业早期的中国仍旧处在古代社会——这是一种具有凝聚力的社会结构，无论风雨变迁，时运好坏，挺过了叛乱与外敌入侵，终使辉煌文明毫发无损，建立在祖先崇拜与家长制一神论基础上的农业文明的社会传统也完整保存了下来。在我们为欧洲文明的科技和艺术成就感到骄傲，为西方诸多发明和机械成果感到自豪的同时，中国人那种天生从容，淡薄名利，轻功利、轻实用的心态，以及即使流离失所仍能悠然自得的处世哲学必然也有某种东西应获得我们本能的尊重甚至是嫉妒艳羡。早在欧洲人从野蛮状态进入希腊罗马文明之前，中国的家长制及其基础道德哲学就已经将占世界三分之一的人口成功团结在一个根深蒂固的单一性国家中。除却地理位置的因素之外，中国这种自给自足的状态已经过了实践的检验，中国在漫长的世纪里，对"法制之外的低等民族"一直不闻不问，无欲无求。中国就那样做着自己的美梦，进行着自己的冥想——她所关心的更多的是终极目标而非眼前利益，即使是在自己最后的日子里，也丝毫没有被西方蛮夷地动山摇般的进步而影响。与对新理念、科技新发明的向往相比，中国更看重供奉在神殿当中的古老信仰。在其闭关锁国的漫长黑暗当中，常常会从西方传来干扰的声音。印度对中国遥远边境的侵犯，以及作为对"光荣属于希腊"微弱呼应的中亚印度—斯基泰战争——这些消息传到中国，被记录在中西贸易之路上中国最遥远边境的瞭望台和佛祠里。整个欧洲中世纪，波斯人、阿拉伯人、印度人——这些具有冒险精神的商人来到中国南方海岸，他们带来了香料、乳香、象牙和珍贵宝石；与这些货物一起带来的，是与这些番夷生活习俗有关的奇闻异事，以及有关中央王朝最远端的岗哨之外舆图未载的广袤水域的奇谈。天主教方济会的传教士和地中海东部的商人们不远万里经印度洋来到华南。虽然只是些只言片语和道听途说，从他们这里，中国统治者们对十三、十四世纪的天主教欧洲有了一定了解；但文人墨客们仍沾沾自喜、骄傲自大，对外面的世界无动于衷，漠不关心。著名的马可·波罗及其亲戚在忽必烈的宫廷享有盛誉，影响深远，但王朝史料对其记载却少之又少，并很快被中国人遗忘了；另一边也是同样的情况，马可波罗对13世纪遥远中国的记载也很快便遗失在西方世界的记忆当中，直到两百年后被葡萄牙航海家所重新开启。但当时的中国政府对他们态度轻蔑，认为他们是来自蛮夷之地求拜的商人，中国出于慈悲之心才开放广东为商埠，允许他们在那里做生意，但必须处处低人一等。

1834 年，东印度公司的垄断权被废止，第一批自由贸易的英国商人来到中国，一小部分有远见的官员开始预感到危险的逼近，并对这些海外商人背后的力量开始有所察觉。中国统治者恪守传统观念，视自己为宇宙不变的中心——在律劳卑勋爵到广东出任大英帝国（而非东印度公司）驻华商务总督之前的三百多年里，中国与欧洲的交往都未能使统治者的这种想法产生任何动摇。和"外藩蛮夷"打交道时，中国一直奉行"专制暴政

△ 签署《南京条约》。

是统治他们的唯一正确道路"这一理念。而直到大英帝国向中国发起第一次战争（1839—1842）之前，无论是中国政府还是中国人民，都对这一理念笃信不疑。1838年，传教士郭士立把当时的天朝准确描述为"完全与世隔绝，对其他国家都一律鄙视至极"。天朝人视所有其他国家都是"注定居住在四方大地的边缘，或居住在围绕大中华周边四海之内的小岛之上的"蛮夷之人。郭士立还写道："中国自视高贵，认为这个堪称世界帝国的国家能够横扫四海，常凭怜悯之心统治世界。中国以同样的柔情怀抱所有国家，但倘若远方的蛮夷愚昧到不承认中国这一世界唯一文明国度的优越地位，那就只能放任他们自生自灭好了。"马戛尔尼伯爵（1793年）和阿美士德勋爵（1816年）等人是英国第一批来华使者——他们刚到的时候，中国的统治者就是秉承这种精神与他们交往的。后来，莫卧儿帝国瓦解以及白人在印度获得军事优势的消息从西藏和尼泊尔传来——中国统治者的这种精神也丝毫不为所动。乾隆皇帝在热河接见马戛尔尼伯爵几天之后颁发给其国王乔治三世的圣旨，1816年嘉庆皇帝颁发给乔治四世的圣旨——这些也都是当时的中国无知而无畏精神的体现。

第一次中英战争（鸦片战争）以《南京条约》（1842 年）的签署而收场。之后，李鸿章登场，组织欧洲雇佣兵对太平天国运动进行镇压——西方世界的影响也许使一小部分中国人开始睁开双眼，意识到没有实力作支撑的夜郎自大政策非常危险；但北京当局及其派驻的各省督们傲慢自大的态度丝毫没有改变。1860 年，英法联军攻陷北京，颐和园被烧毁。即使这样的灾难仍没能撼动他们的自负——因为这种骄傲自负的国民精神，其来源是深藏在所有中国人道德观念里的、中国人根深蒂固的传统情绪，和任何具体事实或政治信仰无关。这种与生俱来的道德优越感已深入统治阶级骨血，多年来岿然不动，更不会轻易被外国人一点点物质上的成就所颠覆。清朝的官僚一直认为外国人那些物质上的成就均属偶然，并希望终有一天能够证明这些只是昙花一现、过眼云烟。这一点从他们一直以来的努力便可看出：在不同历史时期，一直到 1900 年的最后一搏，清政府一直都想要"把蛮夷赶到海里"去。从清政府和外国列强断断续续的交往当中可以发现，虽然被迫签署了一些条约，但中国人从未真正接受西方的政治理念或创新；清政府所采取的所有措施，其目的也不外乎创造一些手段，想办法让那些条约失效。1860 年，清廷从热河返回北京，短视的八国联军选择支持满清政府，镇压太平天国运动——清政府的上述特点在这两次事件之后表现得尤为明显。早前的战争及其所签订条约所引发的道德效应很快消散了。出于自身的公开利益考虑，外国列强一定会支持有利于中国统一的政策，且这种策略必定会引发国际间的相互制约——意识到这些的中国官僚因此宽下心来。中国政治的强固要靠道义的削弱——意识到这一似是而非的真理之后，1860 年以后的中国外交日益大胆；近半个世纪以来，中国通过在各蛮夷间挑拨离间、搬弄是非而最终渔翁得利，但这样做不仅没能消除反而加剧了他们对外国人智力的轻视。作为外交家和当政者，李鸿章虽然和大家一样对欧洲人充满了厌恶和猜忌，却丝毫没有轻视鄙夷之意——这便是他与同僚相比的过人之处。而在此问题上李鸿章究竟如何更胜一筹，令其他高官和皇帝的顾问们望尘莫及，我们通过对比他和其他督抚同僚的奏疏、札文便可见一斑。在大名鼎鼎的两江总督张之洞和刘坤一所递交的公文当中可以看出——他们是中国正统思维最忠实、最坚定不移的代表，始终坚信中国是宇宙的中心，而儒家学者正是那中心开出的香花。他们给当局提出的外交政策建议也都跟真实的世界没有任何关系。与李鸿章条理清晰、切合实际的谏言相比，他们的奏疏处处透露着不切实际的天真幻想，仿佛这些伟大的学者都抛弃了对《论语》和《诗经》的研究，受到了《猎鲨记》精神的影响也都开始了政治远足。后面我们还有机会会对李鸿章的聪明睿智、远见卓识与其主要同事、政敌的有眼无珠甚至是无能进行对比。在这里只需指出，中国儒生文人们的心智和道德状况，以及官僚阶层的家长制传统——这两者对外邦蛮夷一直持鄙夷之情，合在一起构成了无人能够摧毁或撼动的力量。这其中的原因太深，涉及的利益关系太大，不是仅靠某个领袖或传道者的训诫或以身作则就可以改变的。尽管李鸿章政果累累、大权在握，但他呼吁政治变革的呐喊就像是旷野中微弱的呼声；对此他自己心知肚明。但他不可能重塑这个社会，因为他本人在很多方面就是这个社会天然的产物。1900 年，慈禧西逃。从李鸿章在那之后向其上呈的奏疏以及他四十年前写的札文中都可以清楚地看到，李鸿章深知，中国目前所遇到的危机既来源于外国人日益展现出的侵略本质，更源自国人的心理惰性。想要对李鸿章的事业成败进行评判，就要把这一点牢记于心，并始终铭记：李鸿章毕生的贡献不仅仅在于阻止欧洲人和日本人对中国领土主权的侵犯，更在于努力教育国人，使他们对新力量有清晰的了解——而这便意味着对自负排外传统的连根拔起。

在深入了解李鸿章事业生涯之前也有必要明白，李鸿章处理外交事务时的远见卓识、胆色过人的优势常因其在国内政治中表现出的唯利是图、裙带作风而大打折扣。就这些不正之风而言，他仍然是其先人的典型产物。李鸿章漫长的政治生涯颇有建树；但贯穿其始终，受中国政治体系腐朽荼毒的痕迹甚为明显；四十年中，李鸿章任劳任怨、不遗余力地充当着中国和外部世界桥梁和纽带的作用，向充耳不闻的听众大胆揭示中国这种不设防状态产生的原因及后果；但这些年，无论是言论上还是示范作用方面，他从未试图对中国孱弱的主要根源——官僚阶层根深蒂固的伪诈进行

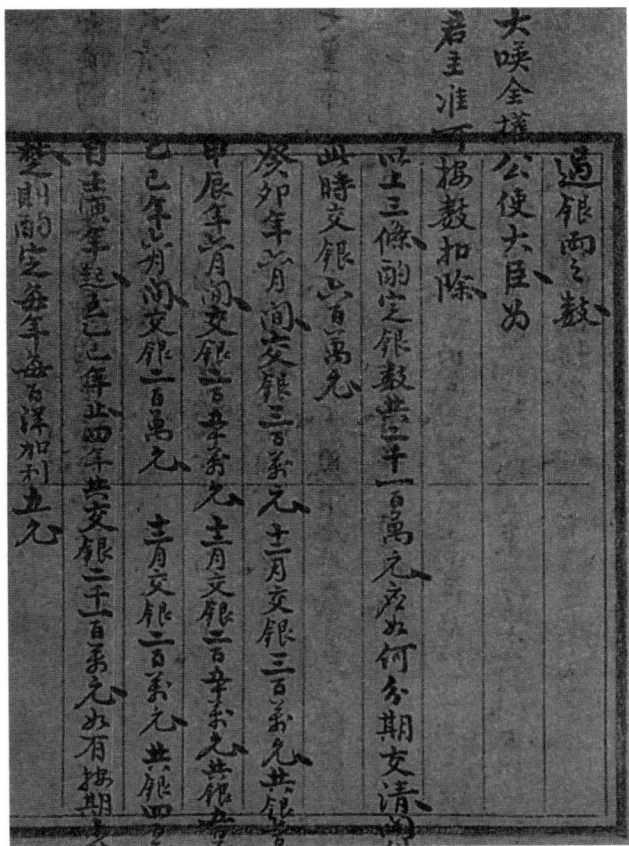

◁中英《南京条约》（部分）。

大刀阔斧的变革。相反地，他在教育和行政方面的所有革新措施、他改进国防的庞大计划以及许多工商业方面的举措却都因他挪用公款、妄图不劳而获的恶名而蒙上了阴影。但国人对此并未大肆批判，一直以来，公职人员贪赃枉法、收受贿赂的行为似乎已成为大家所公认的现实，也都见怪不怪了；另一方面，李鸿章一生事功唤起的敬仰以及他所支配的权力在很大程度上也要得益于他聚敛财富的高强本领。铁腕军人左宗棠和两江总督刘坤一——这两位是李鸿章公共生活中最主要的竞争对手。他们都是少有的清廉正直之士，虽位至高官却一生勤俭、两袖清风。但我们可以有把握地说，正是李鸿章那种成功"搜刮压榨"百姓的行为，才使他爬到了大多数国人眼中比他们更为杰出的地位。在这里我们有必要对这些事实，也对李鸿章自己也曾坦言过的鼓胀的钱包在中国政治中的作用进行清晰的阐述。我们承认李鸿章是19世纪的缔造者之一，并对其功绩进行如此评判；但与此同时，读者最好从一开始便认识到这样一个事实，那便是：李鸿章对其同代人及继任者，即中国当代官员的影响无疑是巨大的，但这种影响并不总是有益或正面的。李鸿章自己就是中国官僚阶级自私的个人主义、欺诈腐败的典范，因此也未能成功把更高标准植根于民众之间——从这一角度来讲，他带来的影响是负面的，也必须受到指责。1860年到1896年间，李鸿章仕途上的一切所作所为都使国人坚信，从甲午中日战争之后直到他1901年过世，他与俄国人发展关系，除了服务于自己远见卓识的经世方略之外，也包藏了些不那么上得了台面的个人目的。在他出任直隶总督的漫长任期之内，李鸿章之所以能和慈禧太后交好，并在自己"时运不济，为人所不容"的时候得慈禧力挺，除了他能力出众、坚定忠于朝廷之外，臭名昭著的官宦总管李莲英的腐败影响也绝对不容小觑——李鸿章直到过世都一直和李莲英保持着金钱方面的密切联系，且两人的关系经不住推敲。在过去的三十年里，中国受尽掠夺凌辱；这很大一部分应归因于官僚阶级整体的腐败——而李莲英正是官僚腐败的教唆者和受益人。李鸿章与李莲英及其爪牙之间进行着秘密勾当，通过对被自己和慈禧太后所公然谴责且视为国家积弱根源的行为的默许聚敛钱财——所有这些行为都是他当时所处的社会的天然弊端，因此也能被这个社会所宽恕。在欧洲观察家看来，李鸿章目的明确、智慧过人，在很多方面的眼界远非其他同时代人所能企及；但在这点上他仍然不能免俗，这不免令人悲憾。

　　1894年，日本对中国的羞辱成为最后一根稻草，引发了反满运动的爆发。从反满运动开始，直到1911年软弱清王朝的彻底垮台，革命党一直灌输给欧洲人的是，只要把外来的满清统治者赶下台，政府腐败的行为立刻就能得到解决。欧洲人也真的相信了这一说法。孙中山这样的理想主义者以及伍廷芳之流的投机分子也在其共和宣言中不遗余力地向世界宣称："是思想腐朽、愚昧无知的满清王朝使中国陷入此堕落之境地。"但证据无处不在，革命党心里也明白——唯利是图、见利忘义并不是满人的传统，而是中国官僚的传统；这种传统由来已久，早在满族人还是部落社会的时候就兴盛了起来。如果说光绪帝未能实现其勇敢却不切实际的国家改革计划，阻挡他成功的最大障碍应是李鸿章等官僚阶层的既得利益，而不是满人的保守或满人特权。我们要把这一事实牢记于心，因为这将有助于我们了解当今中国的实际情况，有助于我们充分了解在短命的共和议会以及命运多舛的袁世凯统治之下都未受遏制的官僚活动。满洲人走了，但官僚群体留了下来；袁世凯以及那些想把袁世凯推上皇帝宝座的人所奉行的治国之术也正是李鸿章所奉行的。事实上，我们只需牢记于心，袁世凯和"共和国"许多高官都仰视李鸿章，视他为庇护和榜样；后来那些因时事和外债所迫而推行的改良官僚财政体系的创新之法也是向他学习的结果。如此一来我们可以公允地说，在许多方面，现在的北京政府所面临的窘迫状况都是李鸿章的直接遗产。

1913 年，改革派失败，国民党倒台，袁世凯集中所有精力推行中央集权政策，成功重建并巩固了因革命动乱而解体的国家财政体系。倘若我们仔细考量这一政策的性质以及所带来的结果，结论会非常明确。作为政治家，除了处理外交事务之外，李鸿章更伟大的贡献也许正在于——在当时，只有他明确看到了在有效的中央集权体系之下进行财政体系重组的必要性，认为这是巩固陆军和海军防御的先决条件。也许在其职业生涯的某些阶段，李鸿章没能贯彻自己的理念，甚至会在某些时候站出来支持省级自治（如谢拉德·阿思本舰队事件），但这只能说明，李鸿章所属阶级的既得利益，以及压在他头上的官僚保守主义的余毒实在过于强大，再伟大的个人都无望从正面给予突然一击。而在这点上，正如在其他许多事情上一样，李鸿章的智慧就在于他采取了"中庸之道"，一方面为自己认为必要的事情努力，另一方面作为权宜之计，也接受了那些不得不接受的事情。出于外交目的的考量，同时也为了尽量逃避外国公使的要求，混淆他们的思路，李鸿章明确赞成并巧妙运用了权力下放与省级责任制的传统；但与此同时他也充分意识到，中国必须通过行政改革自内而外进行重组并巩固

△袁世凯身着新设计的洪宪皇帝戎装。

自己——而想要真正达到这一目的，只有巩固中央政府在财政事务上的权威，并实行集权化。只要能达到自己的目的，李鸿章和慈禧太后一样，为了哄骗欧洲人，会在庄严的条约中声明中央政府想要改革弊端、发起改革的决心和能力；但不止一次地，李鸿章与自己私交甚好的外国友人坦诚交心，坦言只要各省都有自己的法律，那么无论在行政、财政还是在国防方面，都无法取得真正实质性的进展。就内部行政而言，李鸿章后来也意识到，只有绝对的中央集权，辅以某种宪法程序的制约，才能使这个国家在面临外部分裂威胁的时候凝聚在一起；而他所主张的教育以及其他方面的改革，也全都指向这一结论。事实上，为了使中国人调整自己，适应已发生变化且还在变化的形势，集权化必不可少。1895年，签订丧权辱国的《马关条约》回国之后，晚年的李鸿章以悲愤的心情再次体味到了这一真理；1898年迅速发展的广东革命运动以及1900年的义和团起义也进一步强调了这一真理。这些教训对李鸿章来说来得太迟；但他的追随者，身为总督又想当皇帝的袁世凯却没有错过这个教训；袁世凯不遗余力推行财政集权化改革，且总体看来也还算成功。虽然他们都天赋异禀，在很多方面比当时的国人更具远见，但无论是李鸿章还是袁世凯，都没能通过言传抑或身教，一蹴而就彻底改变这个民族根深蒂固的性格与习俗。而且在许多方面，在他们自己的事业生涯和所作所为中，也常常会出现违背自己政治理念的倒退行为。智慧使他们觉察到省级自治的危险，但社会本能以及与生俱来的阶级偏见都使他们选择了服从。从外部有利的角度审视中国的政治经济，我们应尽可能体谅这种根深蒂固的传统，尽管这种传统迥异于我们的思维及行事习惯；在评价李鸿章得失成败之时，我们也应该尽可能把他作为这种格外僵化的社会制度产物来看待。例如，倘若我们想要谴责李鸿章，谴责他虽意识到作为基础性改革的集权化的必要，却仍坚持其本能和阶级偏见，以至于偶尔做出违背自己理念的事情，我们不应忘记，在漫长的岁月中，省级自治一直都是适合自给自足、热爱和平的中国人需求的成功政策，倘若不是西方人突然闯入打破了中国政治经济的平衡，这一政策也许还将继续推行下去。西方商业和军事力量对中国人珍视的自给自足状态的突然入侵是这一世界上最古老文明陷入如此危险境地的主要原因。从这个角度来看，李鸿章的一生就是勇敢对抗这一无望命运却徒劳无功的一生；而李鸿章明知中国的社会和政治体系已毫无反击之力，注定走向灭亡，却仍对其道德优越性笃信不疑——想到这里，这场斗争的徒劳无益不免更令人感到可悲。

已故的亚历山大·宓吉先生应属对中国现代历史最称职的观察家和最精确的记录者。当从这一角度探讨李鸿章的毕生事业时，宓吉建议我们去探究：为什么李鸿章如此务实之人会终其一生去追求那不切实际的成功；为什么在一个不乏智慧学者的国度，这样艰巨的任务竟最终落在了他一个人的肩头。据宓吉观察，中国人"绝不是傻瓜。因此，倘若我们发现他们在处理重大国家事务时表现出的智商竟连堆沙丘的孩童都不如，那我们自当明白，也许是我们也许是他们，一定有一方对他们所面临的问题有了根本性误解。但如果我们把中国人划归到道德力量的世界，那么他们会对武力世界的一切产生误解，就不但解释得通，且是不可避免的了，因为这两者毫无共同之处，也没有哪怕是妥协的空间，而一方也必然永远会误会另一方"。

　　李鸿章一生都在找寻令无法相融的两者达成妥协的良方。如果他能活到今天，在如今欧洲物质文明带来惊人成就的时代，以他的智慧，一定会为坚持中国古老信仰和家长制政府体系找到新的抗辩理由。在和欧洲人打交道的漫长且麻烦不断的日子里，我们发现李鸿章常常会问自己，也问欧洲人这样一个问题：倘若一个国家打败了全世界赢得了杀人机器，却丢失了自己的灵魂，那么对这个国家来说益处何来？ 1896 年，游历欧美的经历令李鸿章眼界大开，观念也进步许多，但即使这样，具有成熟判断力的他仍得出这样一个真诚的论断，那就是：虽然因为武力的落后而受尽屈辱，中华文明仍然是比那些"外藩蛮夷"更合理、更人性的人生哲学。而他的这一通过对比观察形成的论断，恰恰与占世界人口四分之一中国人本能而坚定的信念相吻合。李鸿章对西方机械科学表现出了极大的热情，并兴起了效仿之意；但比这热情更强烈的，是他对中国道德哲学体系坚不可摧的信仰——这种体系经历了岁月的考验，战无不胜；中华文明是一种不尚武力的文明，比希腊和罗马文明都要更为稳固。因此，任何对李鸿章生平的记载倘若没能把以上事实考虑在内，都会误导读者，有失偏颇。在李鸿章锲而不舍地追寻那不可能的妥协的过程当中，他买来了轮船和枪炮；直到他最后的日子，正如他一些私密的文件中所记载的，他始终坚持的仍然是植根于圣贤经典中的信仰。

　　想要对李鸿章这位中国最声名显赫的政治家的工作和生活进行批判性研究，欧洲传记作家遇到的难题就是，中国没有对李鸿章职业生涯的精确记载。能零星收集到的非常有限的资料，如他本人呈给朝廷的奏疏、上谕及官报等，其真实性也多多少少因中国史官为了取悦统治者和后人而去"创造历史"而不是忠实记录事实的倾向而受到影响。他们书写王朝编年史是为了迎合官方对于"世界应当如何"的设想，而甚少去考虑"世界究竟如何"；而操纵国内媒体的作家们在谈论公共事务时，由于深受这种"创造历史"倾向的影响，能提供对官方记录进行确认或补充的资料也少之又少。当慈禧太后本着"确保历史准确性"的目的下令将有关义和拳的谕诏从官方记录中删除时，她只是依照一直以来编撰天朝"记事录"的惯例行事而已。因此，那些学者和编年史作者从 1904 年便开始不辞劳苦、从容编就的李鸿章官方传记恐怕也难逃这一精心伪造历史传统的命运。从私下里流传的一些学者的日记或文章中倒是可以找到一些有趣且相当准确的素材，但这些素材往往又缺少美国编辑所说的那种"引人入胜的内容"。1901 年，在上海一家报纸刊登的"李鸿章传记"中，没有任何关于李鸿章治国之术背后内在动机的分析，也没有对他事业成功的秘诀进行任何探究，对李鸿章家庭与社会生活方面更是言之甚少，几乎一无所载。因此，总体来说，绝大多数对李鸿章职业生涯进行批判性研究的有用信息都应当在欧洲观察家的作品中寻找。但由于欧洲人对中国语言和习俗的理解肤浅，且过于依赖官方文件，其中有一些作品可能会在记载事实和由此得出结论时被引入歧途。而那些最了解李鸿章的欧洲人，那些本可能从个人角度近距离观察，为李鸿章职业生涯中诸多重要事件书写秘史的人，却都已经过世，没留下只言片语。他那份由美国秘书毕德格先生保存多年的日记据说在他临终的床前被窃取，从此便再不见天日；义和团运动中，由鹭宾·赫德先生保管于北京和李鸿章最信任的顾问德璀琳保管于天津的浩瀚如烟的信件和各种文件记录被毁于一旦；因此，由于现存证据之间互相矛盾，1870 年到 1900 年间，有关李鸿章在对外事务上采取的秘密外交政策大多也只能沦为猜测。已故亚历山大·宓吉的著作是现存有关李鸿章记录中最具价值的，但宓吉的记录也只涵盖了一个相对非常短暂的时期；并且，由于宓吉本人和李鸿章私交甚好，对李鸿章颇具敬仰之心，这也导致宓吉在《英国人在中国》中对李鸿章的刻画在一定程度上缺少了平衡和理性的判断。

还有一个来源，也许可以帮助我们了解中国这位19世纪缔造者的性格和生活经历，那就是李鸿章自己卷帙浩繁的作品。毋庸置疑，在其职业生涯当中，李鸿章笔耕不辍，写下了大量有关时事的奏稿和评论。但就我们目前的了解，无论是有关李鸿章本人，还是其作为中国外交政策主要的发起人和倡导者的角色，这些文章都无法为我们提供太多准确的素材。1913年，一本名为《李鸿章回忆录》的书问世。这本回忆录由约翰．W．佛士达（前美国国务卿）作序，声称是由从李鸿章任职过的各衙门收集到的海量手稿译本节选编撰而成。据本书刻意隐去姓名的编辑称，这些手稿节选从已故李鸿章的家人和朋友处获得，也得到了帝国政府的批准。在没有确凿证据证明这些手稿实为伪造之前，看到手稿中对重要国际事务只字未提，对一些琐碎小事反而大肆渲染，我们便有理由相信，李总督的国事文件要么是被用作了制造耸人听闻报道的可悲目的，要么则被手握这些材料的人拿去做了服务他们政治目的的工具。除此之外就只有一个可能，那就是，由于信不过后人，为了迷惑他们，李鸿章对这些半政治日记进行了刻意编撰。佛士达是美国外交官，在中国政府中任重要职位，这本回忆录经他介绍进入大众视野，并引发了不小的关注；但从一开始其真实性就受到批评家们的质疑。书中包含了一些消遣性的闲谈和哲学反思，对李鸿章30年来在其中扮演重要角色的重要国事却几乎只字未提。另外，正如本书出版时不止一位评论家所指出的，这本书中有明显的构建记忆和有选择编辑的痕迹，但奇怪的是，却没有对文件可靠性的明确声明——也正是如此，该书在英国和美国初版时，也引发了人们的广泛怀疑。事实上，在没有得到证实之前，人们早就怀疑这些作品的真伪了；这个回忆文集最早由颇具魄力的美国记者曼尼克斯先生发表于纽约《太阳报》和伦敦《观察家报》，但那些持怀疑态度的人自然没办法证明曼尼克斯先生的行为是否告知了李鸿章的亲戚好友，是否征得了他们的同意。作品内部的伪造痕迹非常明显；但不争的事实是，中国政府（据称是其授权了本书的出版）并没有公开发表声明否认本书，李鸿章家族也没有人站出来进行否认。日前，李鸿章有一位家人站了出来，正式宣布无论是在巡游世界或在天津期间，李鸿章从来没有写过日记。与此同时，另一个可以确认的事实是，1900 年，尼克斯先生作为美国第九步兵团步兵曾在华北和北京待过一段时间；因此，他有可能利用其记者的身份和能力，接触到了李鸿章的家人，或接触过其他国人，后者为达到自己的政治目的，愿意并且能够为他的"回忆录"提供素材——虽然这种可能性并不大。这本回忆录中包含了大量"中国改革派"思维方式的暗示，他们若不是给了本书作者灵感，便是亲自参与了这本颇具独创性的伪造物的编撰。但毋庸置疑，公众以极大的诚意接受了本书，并将其视为对我们了解远东其人其事的有价值的知识来源和补充。

改革派中的知识分子究竟有没有参与这本书的编撰，抛开这个问题不谈，公正地讲，无论怎样，这本回忆录中很多地方均体现出李鸿章作品的继承人和法定受益人希望给后人展现出一个怎样的李鸿章；这些文章对揭示中国官僚的种族观念也具有独特的价值；倘若没有第一手的当地知识和专家协助，作者是很难做到这些的。例如，这本回忆录通过很多奇特的方式反映出中国官员对所有中央王朝以外事物的鄙夷及其无知的勇敢无畏。因此，我们偶尔会引用这本书中的内容，只为能将如此间接却巧妙地体现中国官员观点的著作和欧洲观察家在李总督一生要事上的看法做一个对比；但读者需谨记于心，这些被算在李鸿章头上的观点，事实上很少真的是他的亲笔，事实上他从未写过日记。

李鸿章死后不久，由他最忠实的仆人、身兼多职的官吏盛宣怀亲自编辑的李鸿章官方手札在上海出版。这些手札并不比那些谕诏和满清朝廷的编年史更具历史价值。总的来说，这些手札充分体现了李鸿章这位满清大吏强大的语言组织能力，以及作者为保全和维护官员颜面不惜无视准确性或事件真实情况的突出能力。鉴于我们目前对中国近代历史的了解以及李鸿章在当中所扮演的角色——从太平天国起义到义和团暴乱——李鸿章的这些手记正是中国盛行的这种"虚构"的社会气氛的有力证据,中国官僚在这种气氛中生活,以此为标准行动、做人;这些手记也是李鸿章本能地遵从其所在政治及道德环境的有力证据。事实上,我们可以公正地说,这些手稿最主要的价值,就在于其在不经意之间表现出的儒家学者超然世外、不闻世事的特性;而他们之所以表现出这样的特点,主要是因为他们从内心笃信中国治国之术的卓越智慧。

因此,我们现在对李鸿章生平及生活时代的研究必须更多地建立在独立的、有能力的欧洲观察家的记录和观点之上,而不是以中国人自己的官方记录或李鸿章过世之后公之于世的作品为证据和基础。这类证据可以用作辅助材料,但不能用作结论。无论我们以哪个来源为准,无论我们根据这些资料做出了怎样的判断,在对李鸿章及其作为 19 世纪缔造者之一的地位进行最终历史裁决的时候,出于对李鸿章及其功绩公平起见,我们要时刻牢记他所处的社会和政治环境。而当我们公正地权衡李鸿章的功绩得失之时,我们也不要忘记:国内满清力量日渐衰退,国外欧洲势力步步紧逼——面对如此内忧外患,李鸿章作为中央王朝的"神圣遗产",赤手空拳,所面临的困难和形势是多么特殊和日益严峻。

【第二章】

早年生活和李氏家族

在对李鸿章出生时的社会总体环境及最主要的根源进行审视之后，我们来看一看是什么样的教育和家庭环境孕育了这位东方超人，看一看他早年生活中的哪些事件或境遇造就了他后来的思维和行为方式。首先，毫无疑问，李鸿章继承了母亲的优点，他身心活力非凡，性情温和，宽容达观——这些都来自他的母亲，也正是这样的品性使他在私生活中脱颖而出，后来在外交和商界也交到了很多朋友。另外，李鸿章远见卓识，从刚任总督开始就表现出对外国人的欣赏，并把这一思想贯穿其后来外交政策的始终——很显然，这无疑是深受太平天国运动中与他交往甚密的戈登将军的影响。这些都是在性格塑造阶段对他的性格形成起决定作用的因素；虽然两者都对他进行了改造，但都未能彻底消除其所处环境、僵化的教育体制，以及官僚阶级内在利益在他身上打下的不可磨灭的烙印。

有关李鸿章父亲的信息很少，我们只知道他一生大多"贫困潦倒"，属于那种怀才不遇、"有望"当官的文人。李鸿章本人是一名坚定的儒学分子，一直奉

△李鸿章。

孝顺作为最大的美德，很少在私人谈话中谈及自己的父亲；而且就我们所知，在李鸿章那些为练笔而作的诗歌当中，也甚少见到歌颂或追忆自己父亲的文字。我们知道，李父属于士绅阶层，他成功通过了乡试，但和众多不得志的文人一样，没有能力和人脉以获得进一步晋升。他结婚很早，膝下育有五子（李鸿章排行第二），并且都为他们提供了正统教育的入门课业。李鸿章兄弟五人都在乡绅的指导之下接受了教育启蒙，可以熟读被中国人视为智慧和教育启蒙的四书五经。我们在上一章中提到那本所谓的"回忆录"中，有一些地方提到了 1846 年李鸿章与父亲的关系。其中有一篇声称是李鸿章 25 岁那年在合肥老家写的，那里面提到他父亲当时是 42 岁；也就是说李父 15 岁就结婚了。另一条 1846 年 1 月的记录记载了这位意气风发的年轻儒生不愿遵从"高高在上的威严的父母"想让他早日成婚的愿望的事件。李鸿章的第一段婚姻大约就发生在这个时候，因为我们知道，他年轻的妻子和孩子就是在他 1853 年弃文从武之后不久走失，并死于太平军之手。据记载，依靠其在当地厘金税征集处任职的叔父的人脉，李鸿章在府衙谋得了个职位；知县大人听闻这个聪明的后生文采了得，特命他倒背《春秋》，这令李鸿章的自尊心得到极大满足。有充分的证据表明，在那几年里，李鸿章把精力都用在苦练诗文书法上面，这些都是能够助其步入仕途大道的有力手段。1847 年，在选拔进士的殿试中，李鸿章以第三名的成绩从 4000 名竞争者里脱颖而出，成功跻身翰林院。1851 年，身为翰林二等编修的李鸿章已经小有名气；他优美儒雅的书法声名远扬，深受京城甚至各省文官追捧。但在当时，除了坚忍不拔的毅力以及对自身能力的敏锐认识，李鸿章没有表现出超出其他正统儒生的心理特质。吸引他的是僵硬刻板的儒学体系，但也正是这体系彻底摧毁了其前辈和同时代人的想象力和心智。他对儒家经典烂熟于心、倒背如流，诗文歌赋笔下生花，主题广泛；但与此同时，敏锐的智慧也告诉他，要踏上自己渴望的成功之路，主要得靠鼓胀的钱包和有权势人物的提携。但在他步入翰林的同年爆发于中国南方的太平天国运动助他拓展了经验，开拓了视野，从完全不同的角度，帮他完成了始于儒家经典的教育历程。

这一年李鸿章28岁，住在安徽合肥老家，有关他这段时间的活动我们知之甚少。在为那本臆造的回忆录所撰写的极尽吹捧之能事的前言中，约翰·佛斯特描述了当李鸿章从京城回到老家时，太平军的进展是如何令人触目惊心。他写道："他回到老家，看到太平军路过，雄纠纠气昂昂地向北京胜利进发。目睹赋予他无上荣耀的王朝和古老政权陷入如此险境，李鸿章的爱国热情在胸中翻滚。他立即着手组建了一支志愿军团，向敌人后方发起攻击。"对于李鸿章军事生涯的起源，道格拉斯教授给出的记述大抵相同，只不过他认为时间是在1853年初。但据我们对李鸿章的了解，他在金钱问题上颇为谨慎，这使我们很难相信这个故事；更不用说，即使他愿意，也很难在孤立无援的情况下独立组建这样一支名副其实的军事力量。有更多的证据显示，李鸿章之所以放弃文人生涯而转投备受轻视的武行，是因为随着太平军势力的壮大，官军总司令曾国藩上报中央，要求给他配备一批秘书；就这样，年轻的李鸿章在一位安徽籍翰林的举荐之下得以荣任这一前途无量的职位。据报告记载，倘若李鸿章和父亲（李父于1856年去世）曾为官军筹集地方税金效力，那么可以肯定地说，他们都是在曾国藩的指示下行事，且税金都是经由省级当局提供给官军。之所以能得出这样的结论，部分原因是目前已有证据表明，李鸿章1855年曾在合肥藩库任职，顺道也挣了一些钱。李鸿章聪明的举动引起了知县的注意，知县向上级汇报，夸赞他是一位前途无量的官员。据同一报道称，李父似乎和曾国藩有过几次会晤；会晤之后，李鸿章出色的文学才华和漂亮的书法受到曾国藩这位伟大的学者军人的青睐，并由此投笔从戎。无论李鸿章当时出于什么原因接受了任命，可以肯定的是，这件事为他今后的职业生涯奠定了第一个坚实的基础。

英国读者会发现，在中国，官员们只接受过传统经典教育，但他们手握军事大权，以无知而无畏的精神主持对外条约谈判，管理银行，维护河道。事实上，中国这种由官僚阶层掌握高技术层面事务的情况，是基于一种官僚本应多才多艺、无所不能的假设——这与英国政治家和公众对内阁部长的期待并无不同。因此，李鸿章从一个小小的军事参谋迅速擢升江苏官军总司令的高位，也就没什么奇怪的了。有充分且可靠的证据表明，李鸿章仅靠勤勉和才干就赢得了曾国藩的青睐，而他的升迁正有赖于此。他一方面在军中迅速晋升至高级将领，另一方面其文官职位也得到晋升，因为他本身还是翰林之身，战时的举动也仅仅被视为临时脱离正轨而已。1857年，李鸿章被任命为浙江代理按察使；1859年，又被任命为福建道台（原因不明，因为他并未上任）。1862年，李鸿章上任江苏巡抚，也正是从这时开始，他在上海初识外交的艺术与技巧，了解了外国政治的广阔领域。1860年，由于和美国冒险家、"常胜军"司令华尔的交情，他开始了解欧洲的战争方法；也是在这个时候，目睹英法联军轻易突破大清帝国的北方防线直取北京城，也使具有敏锐智慧的李鸿章开始真正了解外国人在军事上的优势实力。

有关李鸿章职业生涯的这个阶段，流传着这样两个故事，但都没有得到确认。亚历山大·宓吉先生是一位较为可靠的资料来源，第一个故事是他在 1901 年李鸿章去世后不久发表的一篇文章中公布的。宓吉声称，李鸿章之所以平叛有功，主要是因为他自己在太平军中当过一段时间的俘虏，而那段时间他为了保命，充当起了目不识丁的太平军头目的笔杆子，并因此对太平军的组织架构和行事风格有了深入了解。宓吉的故事有可能是真的，也有可能是众多"巧妙"虚构故事当中的一个，这些故事在东方国家反复传唱，令人信以为真；又或者在李鸿章这件事中，只是为了隐藏他真实的生平记载。即使所有官方记载都对此只字未提，也并不能证明这个故事就是假的；而倘若他真的曾经被俘，时间也一定非常短暂。

而另一个故事从表面上看似乎更有事实依据。这个故事说，官军将领程将军[1]（程将军曾在李鸿章麾下与戈登将军一起奋力打击太平军，并且在 1863 年收复苏州的战斗中表现格外突出）原本是太平军首领，是在李鸿章的劝说之下改换阵营，转而效忠朝廷军的。李鸿章在一份奏疏中描述了 1864 年 4 月嘉兴府沦陷时这位勇士如何英勇捐躯，同时也证实了程将

---

[1] 译者注：指程学启。

军曾是太平军头目的事实。他写道：

> （程学启）当于初十日子刻出缺。……臣适行抵常州，接信之余，不胜悲悼。各营将士恸哭失声，江浙远近官绅士民无不同声呼怆。伏查程学启籍隶安徽桐城，遭乱被俘，英逆四眼狗欲重用之，程学启以该逆荼毒百姓，尝自逃去……程学启密赴曾贞斡营中纳款，曾国荃兄弟见其志趣忠勇，迥异寻常降将，遂留营带队攻剿，旋克复安庆省城，程学启之功居多，经督臣曾国藩等奏报在案。其时臣在安庆，熟闻程学启智勇可任。

紧接着，李鸿章在奏疏中陈述了已故程将军的军事才干和成就，顺便将戈登将军取得的胜利全部算在了他的头上。但如果目前广为流传的故事属实的话，李鸿章对程学启的了解要远远超过那些官方调查记录，因为人们一般认为，是程学启花了一大笔钱贿赂了李鸿章，买来了自己在官军中的职位并获得晋升，而李鸿章也正是用这笔钱买了自己的仕途升迁。这个故事本身并没有什么一定不可信的地方，因为这类交易一直都被视为中国高级兵法中的一部分；而程学启和李鸿章妹妹的婚姻也被视为是双方协议的一部分，是双方互相牵制、互表诚意的手段。

就本书而言，我们没有必要对李鸿章在镇压太平天国运动中所发挥的重要作用进行详述。道格拉斯教授已经对这场运动（1853—1864）中的重要事件进行了简要记录。读者若想了解更确切信息，可以从弗雷德里克·布鲁斯爵士、斯特夫利将军、以及"中国通"戈登收录于那一时期的"蓝皮书"中的公文里找到信息；并且，作为创造历史的实例解说，把这些素材与同时代曾国藩的奏疏和上谕（一个由英国驻华领事机构口译员 R.A. 杰米森选编并翻译的官方文集）进行对比，也许会有一定收获。在苏州，李鸿章出尔反尔屠杀了太平军首领，并为此和戈登发生争执。这次著名事件佐证了这样一个真理，那就是：尽管李鸿章智慧过人，有三年和欧洲人近距离打交道的经验，但正如戈登无法倒背中国经书一样，李鸿章也仍然无法从戈登的视角看待事情的道德层面。戈登指望李鸿章可以吸收并实践自己人性的、狭义正直的战争理念，这恰恰表明了他缺乏判断力和洞察力；同样，不相信戈登真的可以掷地有声、信守承诺，这也是李鸿章缺乏判断力和洞察力的表现。虽然这次事件后来因为戈登非常具有个人特色的正义愤怒情绪的爆发和对李鸿章的报复而变得颇具戏剧性而令人难忘，但其实这只是两位伟人所持绝对分歧之间无数次相似交锋中的一次而已。正如戈登无法忍受李鸿章的贪婪和伪善一样，周身散发着优雅自信，笃信自己具有无法言说的优越感的官员李鸿章也同样无法忍受戈登的生硬、直率，以及对诚信不可妥协的坚持。从政治角度讲，从一开始与华尔、白齐文、戈登等人交往，李鸿章的目的就从没改变过，那就是：利用外藩高超的军事技巧的同时，不惜一切代价阻止他们行使行政权力，以防官僚阶级的特权受到侵犯。与国内叛乱相比，他更担心欧洲人的入侵，因为他比其他京城高官都更加了解西方军事远征真正的政治意义。这些远征的结果就是，1857 年，一小支英国军队就轻易攻下广东；1860 年 10 月，清政府与额尔金勋爵签订中英《北京条约》。1862 年，李鸿章婉拒俄国派军队协助镇压太平天国运动的好意，他已坚定决心，要用中国聪明高超的经世之术和"柔道"式的政治艺术对抗西方世界的蛮力。由俄国军官领导的俄国军队肯定无法配合他的策略，因为他们不会听从他的指挥。但李鸿章并不认为动用刚刚占领过北京的英法军队镇压国内叛乱有什么不光彩的；相反地，他对斯特夫利将军和卜罗德上将愿意和他自己的军队合作为王朝事业效力，并承认他作为中国不可削弱主权的代表而感到颇为得意。他恨不得冲锋陷阵的事儿都由戈登带领的雇佣兵去做，只要提供给朝廷的战事奏报和奖励分配都攥在自己手里就好。和当初记录程学启将军牺牲的官报一样，在李鸿章向朝廷奏报太平军彻底溃败的奏疏当中，戈登在维护皇室天命的战争中所起的作用被极度弱化。没错，为了表彰其功绩，戈登是被授予了黄袍马褂，顶戴花翎，还有一笔赏金（他拒绝了这个奖励）；但为了"确保历史的正确性"，在李鸿章的妙笔生花之下，"常胜军"及其领袖的功绩完全被掩盖在李鸿章自己勇猛无比、远见卓识所带来的荣誉和奖赏当中。

李鸿章对戈登的态度变化很大，需要其帮助时就毕恭毕敬、感激涕零，不需要时便漫不经心、傲慢无礼；因李鸿章积习难改，在军队常规发饷方面常常出尔反尔，两人关系曾不止一次变得极度紧张。戈登之前的"常胜军"司令、美国冒险家白齐文也曾因金钱问题和李鸿章发生争吵，并最终倒戈投向太平军阵营；事实上，李鸿章一直都是站在为自己钱包着想的角度看待此次战役以及中国后来的所有战争的。他在这一时期的根本军事财政观念就是以最终支付与否论断，这其中包含的一个常常是隐含的附带条件就是，政府如果拖欠了部队军饷，那他们也可以通过掠夺沦陷城市（中国的城市）的方式自己补上。在那本回忆录中，也有一些李鸿章坦言承认这种现象的文字。

其中第一篇标注的日期是 1863 年 2 月 25 日（戈登 3 月份出任司令职位）：

> 戈登上校来函声明：其来必当统领，否则不来。夷人或为我所用者，无不如此行事，主动求职者亦须让我方等候数日或数旬方予作答。此英人或不致如此，因其不求官职，亦不求财。后者非其亲口所言，然其上司言之，也就罢了。然若渠系能人，为此军配发刻下所需制贼于死命之兵器，则此处自有安排，予以高官厚禄。

一个月之后，他写道：

> 戈登举止才干均优，强于平日接触之外夷，并未流露往往惹人生厌之得意。此人虽老于军务，言多率直，一丝不苟。来营不足两个时辰，即视师发令，将士听命，大慰吾怀。

日期标注为 4 月 7 日的一条记录无疑精确描述了他的军事财政措施：

> 戈登率三千"常胜军"及一万五六千兵勇，猛攻福山之贼。前日

发饷若干，并谕知官兵，攻复福山后另加优赏。又言苏州若复，戈登麾下官兵皆发完饷，并予奖赏。

五月，李鸿章对戈登身上优秀军人品质的欣赏达到极致，甚至跟他"称兄道弟"，还向朝廷奏请给戈登赏加"中国总兵之职衔"（相当于英美准将军衔），并获得批准。赐予戈登此官衔的上谕正是中国式装腔作势的最好诠释：

着戈登实力约束"常胜军"，勿令复溃，以免重蹈覆辙。

李鸿章给了戈登一份上谕抄件，让"该员懔遵"。
但到了七月份，龃龉发生了：

戈登近来所思唯银子而已，伸手要钱，将我当成财神。声称官兵若无饷可领，则不再出战。我说苏州一经克复，便有钱补发欠饷，另有重赏。

白齐文遇到了同样的问题，从政府手里撬不出银子犒赏军队，便选择自己动手，去上海官商军需官的金库里直接抢了过来。李鸿章为此开掉了他。在后来由此事引发的外交争论当中，白齐文得到英美驻北京公使的支持与同情，但李鸿章坚决表示拒绝同这样藐视法律、抢劫钱财的人再有任何交往。戈登上任五个月后，白齐文携百余名对清政府不满的欧洲逃兵愤然投靠太平军阵营。戈登已然伤透了心，对于在如此情形之下组建一支训练有素的军队也完全丧失了信心。他本已经请求卸去司令之职，但因生性仗义，在得知白齐文叛变之后，还是重新担起了重任。这是在1863年8月。白齐文事件令李鸿章震动不小，甚至下发悬赏布告，悬赏3000两白银缉拿白齐文，生死不论。但李鸿章后来和英美领事之间的冲突都是他敏感睿智、自大愚昧、鲁莽无畏的体现——这些特质在其后来的外交职业生涯中表现得非常突出。

　　戈登早已志不在此，但在白齐文背信弃义之后还是临危受命，重新接下了重任。但他如此仗义之举并未令李鸿章有丝毫感激，他仍然吝啬无比，克扣"常胜军"的军饷。戈登坚持要求保证部队的军饷和军需供应，并强烈反对继续其前任在职期间盛行的靠掠夺补贴军饷的做法。部队攻克昆山之后，戈登写信给李鸿章，非常强硬地表达了自己因"每月为部队讨赏艰难"而想要卸去司令之职的意愿，并直言在此情形之下仍保留职位，实在有辱自己作为英国军官的身份。然而只要事关金钱，李鸿章就非常固执；但凡与金钱无关，他便可以作出让步，不是出于理智，而是出于恐惧。

　　1863 年 12 月戈登攻破苏州城后，李鸿章背信弃义，下令屠杀归降的太平军首领——这样做完全符合他自己的政治观和道德观。此次事件揭露了他性格中鲜少暴露给欧洲人的特点，那就是：在自己的政治目的或个人野心濒临危险之时，他便会表现出对生命的麻木不仁和极度轻视。对于那些在他看来阻挡他为国尽忠或阻碍他个人利益的人，他就会效仿代表着至高皇权的慈禧太后，把东方式的毛骨悚然发挥到极致。

　　在"常胜军"对苏州发起致命一击之前，李鸿章已经非常清楚，太平军首领已经完全信心涣散，这场声势浩大的运动马上就要走到尽头。1863年秋，白齐文投向太平军阵营之后，有一段时间，李鸿章对戈登部队非常吝啬，似乎一度要导致相当一部分官兵步白齐文后尘。但白齐文带去增援太平军的愤怒的雇佣兵人数太少且去得太迟，已经无法改变太平军内部不满和幻灭的潮流。白齐文转投敌方阵营，本期待能带领一支勇猛的太平大军直攻北京，以报复李鸿章对他的傲慢——他甚至打算劝服戈登也加入他的伟大冒险。但他的梦想很快就幻灭了。在苏州城内，他伟大的领导能力毫无用武之地，满眼望去就只有不同意见的争吵和迫在眉睫的溃散。太平军八王之中只有慕王目标坚定，誓死将战斗进行到底。其余诸王连同 3 万支持者早已同官军首领程学启将军暗通款曲，以投降换取大赦。没过多久，白齐文及同他一起投奔太平军的官兵便意识到太平军气数已尽；为求自保，他们向戈登提议，只要戈登能保证既往不咎，他们愿意重回官军队伍。戈登欣然同意。但协议刚达成不久，慕王便在一次太平军首领会议上惨遭杀害——因为其他首领认为，除掉最后一位立场坚定的首领，可以为他们的归降获取更大便利和优惠条件。在这场卑劣的闹剧上演之前，戈登曾在程学启将军的陪同下与意欲归顺的诸王进行过会晤。戈登承诺放他们一条生路，而作为交换，诸王同意秘密撤掉一个城门的防守，拱手让出苏州。程学启将军参与了此项协定，双方达成共识，不在苏州城内抢掠。与太平军首领达成一致之后，戈登把受降细节交予程学启将军按计划落实，他自己则出发向李鸿章汇报，试图从李鸿章手里得到额外奖励补贴军队，以弥补无法得到城中战利品的损失。为了减少部队掠城的风险，他还着手布置军队从苏州后撤行军一天的里程。但此时的李鸿章已胜券在握，他把自己曾经慷慨大度的承诺全部抛之脑后，拒绝了戈登为"常胜军"发饷两月的请求。

这件事影响极坏，不仅降低了戈登在官军中的威望，还险些招致兵变。但更糟糕的还在后头。戈登在程学启将军的见证之下曾庄严承诺，只要太平军首领遵照约定投降，便饶他们性命。即使没有李鸿章的明确指示，戈登也有权作此承诺，并确保归降者受到人道对待。数月之前，戈登攻占太仓，围城之后向官军将领移交七名太平军首领。这七位首领惨遭官军将领折磨并被屠杀；俘虏也受尽蹂躏，被处以剐刑。这种野蛮的刑罚引起了欧洲人的强烈反感，英军驻上海总司令布朗明确警告李鸿章，如果再有此类事件发生，所有英国军官将从官军撤出。得到严正警告之后，李鸿章承诺今后会以人道方式待之。但所有这些都发生在太平军呈现明确溃败之势之前。现如今，看到结局近在咫尺，李鸿章可以以平静之心接受戈登及英国军队的撤离；事实上，很快就可以看出，他巴不得他们能快点离开。如今形势不同了，李鸿章不必兑现当初压力之下作出的承诺；他趁着戈登不在身边无法阻止，大开杀戒，毫不犹豫地下令处死归降将领。

关于此次杀戮有各种各样的记载，理由也众说纷纭。首先，戈登盛怒之下曾有文字记录，其中明确指出李鸿章不仅下达了处死诸王的命令，还下令把苏州城交给部队抢掠。这两项罪状都得到了李鸿章的直接代表程学启将军的证实。至于抢掠城池，毫无疑问，李鸿章是故意将震慑恐吓同这一犒赏军队简单的替代方法结合了起来：对此他毫不避讳。至于处死诸王，李鸿章肯定不会不知道他这样背信弃义的行为会在戈登那里引发怎样的反应，所以为了逃避盛怒的戈登向自己寻仇，他立刻开溜，躲了几天。事实上，他一直躲到盛怒的戈登将部队撤至昆山。但他愿意冒险承受戈登的怒意，承受英国部队立刻从官军撤走的风险，因为他深知，清政府不仅不会降罪于他，反而会对他大大犒赏，因为他选择了最为保险的措施，可以一劳永逸永保逆贼再无叛国之机。他知道，即使自己背信弃义处死太平军首领，他的功绩也丝毫不会被抹杀。他的估计完全正确。皇帝为感念戈登取得的胜利而给他的赏赐非常丰厚，用来弥补他激怒勇武的戈登所冒的风险仍绰绰有余。事实上，此次胜利为他今后的事业奠定了基础。

根据英国权威人士在现场收集到的可靠证据显示，对太平军首领的屠杀发生在李鸿章在其大营友好接见他们之后。李鸿章亲自祝贺他们放弃造反，并承诺将举荐他们担任朝廷高官。然后，在各种善意安抚之后，他自己先行离开，留他们和程学启将军一处。归降首领们正和程学启安静交谈，李鸿章安排的刽子手突然出现并扑向他们，将他们砍成碎片。毫无疑问，这就是当时的实情。但两个月之后，通过鹭宾·赫德先生（后受封爵士）的巧妙调停，戈登的怒气消了一些，同意重回战场。这时，李鸿章发表了自己对此次事件粉饰过后的说辞。在他那份颇具特色的公告中，他把自己的官僚手段说得正当无比——无论从自身利益出发，还是出于人道考虑。这份公告是戈登要求的，因为他想要告诉大众，李鸿章的背信弃义之举与自己毫无关系；公告中对这点表述得非常明确，但与此同时，公告也为李鸿章彻底开脱，制造了一种（用李鸿章自己的话说就是）"本部堂之意表面有异，实则与总兵戈登之意相同"的假象。紧接着，为了给自己的屠杀行为辩护，李鸿章还声称，太平军将领到达其大营时并未剃发，态度桀骜不驯，大家均看在眼中。他宣称他们拒绝解散部众，"纳王言语暧昧，举止唐突"，等等：

　　　　本部堂为自占地步，对既定条件之修改，必有设防。本部堂初始赞同总兵戈登纳降，降人在最后关头力图改变条件，却是始料未及。其后发生之事，险象环生，若在商之总兵戈登之前无所作为，则会迟误事机，致前功尽弃。本部堂若严守所议，容此数逆贼活命，重返逆路，将致数万生灵涂炭，结局大异于纳降之初衷。幸得当机立断，将此数贼处死，其部众风散，全城得救，此为所望之大端。

　　李鸿章非常善于混淆黑白，或至少是混淆黑灰；而论玩弄文字游戏，戈登也完全不是他的对手。作为英国人持有的偏见以及对中国官僚权术和传统的无知使戈登无法在罪恶发生的当下饶恕李鸿章屠杀降将的行为；但后来，在赫德和其他中间人的调停之下，戈登最终意识到，无论是有关苏州投降的谈判、承诺的特赦、和解的盛宴，以及早有预谋的屠杀——这些都是符合中国自古以来一直践行的经典权术传统的。而戈登侠义正直的战士形象才是这幅画面中格格不入的贸然闯入者。在李鸿章看来（请注意，这也是中国官僚的普遍看法），戈登对太平军首领生命的担忧以及得知自己的承诺无法兑现之后的愤怒都毫无诚意、荒谬可笑。在这里，我们面对的是横在东西方之间的巨大鸿沟，无论是戈登还是李鸿章都无法跨越。

　　攻下苏州城两个月之后，镇守昆山的戈登仍沉浸在愤怒的情绪当中，态度消极；得他命令撤退的"常胜军"中不满和叛逆的情绪渐长；李鸿章察觉到情况微妙的变化，感觉到自己的性命不止一次受到威胁；为此，虽然并不情愿，他在军队发饷的事情上大方了许多。最终，渴望看到苦难的中国人民免受内战之苦的戈登在中间人的劝说和调停之下与李鸿章达成和解。1864 年 2 月，"常胜军"恢复英勇作战——这并不是因为戈登喜欢或信任李鸿章，而是因为平静反思之后，戈登说服了自己：他告诉自己，自己对中国和英国最好的贡献就是尽快使这场旷日持久的混乱和毁灭告一段落，哪怕所采用的方法是自己所不齿的。

　　到了五月，太平军大势已去，战争结束近在眼前，李鸿章此时的当务之急是赶紧解散戈登及其部众。中国传统文人对散兵游勇叛变、玩弄阴谋、破坏掠夺的风险具有本能（且不是毫无理由的）恐惧。因此，"常胜军"

的任务一完成，李鸿章便慷慨打开钱包给他们犒赏，恨不得这些欧洲部队能赶快离开中国，踏上归途。和戈登的分离对李鸿章来说愤怒大于忧伤；戈登性格直率，对钱财和哄骗人的那一套一向都非常不屑，皇帝赏赐的礼物和小玩意儿都被他断然拒绝了。戈登对李鸿章缺乏尊重，对此他毫不避讳；而此时后者已成为清朝声名卓著的捍卫者，在财富和权力的康庄大道上大步前行。

但尽管如此，毫无疑问，同戈登的交往对李鸿章造成了深刻而长远的影响，这段经历比他职业生涯中任何事情影响都大，使他后来从同时代人中脱颖而出，以更欣赏的眼光、更广阔的视野处理外交事务。李鸿章和戈登一样，对激烈争论中或追求短期目标过程中反对的声音都极其缺乏耐心。他性格急躁、缺乏理智、傲慢任性。但李鸿章并不是心胸狭窄之人，也没有忘记戈登身上高贵的品质；后来，随着时间的流逝，戈登给他骄傲的内心带来的伤痛渐渐愈合，他忘记了那些不快的记忆，只留下了美好的时光。李鸿章上任直隶总督之后，官吏和既得利益者玩弄权势的猎场乌烟瘴气的气氛把戈登不畏惧、不苛责的英雄气概和品质衬托得更为突出。戈登品质可贵，他既不可能长恨不释，也不会携带仇不忘；两人之间隔着的亚洲大陆也使他们有可能不问过去、既往不咎——而他们也确实做到了。因此，在戈登离开中国三年以后，我们有幸看到李鸿章以戈登为例，向皇帝证明洋人直率与值得信任的特点。我们将在本书恰当的时候引用这份著名的奏疏。

此外，十六年后，中俄矛盾激化，战争一触即发，在鹭宾·赫德爵士的建议之下，李鸿章毫不犹豫地选择向戈登求救。戈登这次给中国政府提出的建议既有助于避免战事的爆发，但同时也直言不讳地暴露了中国的弱点。但戈登的建议非但没有说服李鸿章，也没能令他那些为获取个人经济利益在军舰和武器上胡乱砸钱的愚蠢行为有所收敛。但戈登的建议恰巧和主和派的主张不谋而合——李鸿章是主和派的代表，与之相对立的，是以醇亲王和左宗棠为代表的主战派——双方都想要说服皇帝，接受自己的建议。另外，戈登的建议于李鸿章来说是有益的：它有助于李鸿章把自己的

△李鸿章与萨尔斯堡勋爵和英国外相柯曾。

观念灌输给慈禧太后，说服皇帝豁免崇厚已经宣判的死刑（崇厚在圣彼得堡谈判当中同意割让固尔扎部分地区[1]给俄国）。在写给李鸿章的外交备忘当中，戈登直言不讳地强调了中国军事困境的财政根源；很显然，他是因为想起了自己与李鸿章打交道时那段不愉快的经历。倘若李鸿章是心胸狭窄之人，一定会怀疑戈登这是在借机以报宿怨。但李鸿章没那么小气，他太了解戈登了，绝对不会怀疑他上表的诚意和公正无私。

戈登伟大人格对李鸿章的影响不仅在于使李鸿章了解到欧洲军事实力的强大；还无疑使李鸿章开始对道德比较的课题进行痛苦却有益的反思。从这个意义上讲，同时也抛开是戈登取得的军事胜利为李鸿章的事业成功打下了坚实基础这一事实，"中国通"戈登对李鸿章影响深远：他是李鸿章很多思想观念形成的决定性因素，李鸿章后来的外交政策和外交行为都是在这样的思想指导下进行的。诚然，后来随着李鸿章与形形色色的外交家、金融家等人士的接触，戈登对他的影响以及他对欧洲人道德的高度评价都开始减弱。因此，到了晚年，尤其是在 1900 年八国联军犯下如此罪行之后，每当谈及欧洲人或者基督教，李鸿章常常充满怨恨、心灰意冷。但戈登已向他展示了西方文明的精神力量，对此他毫不怀疑，且在他今后的人生中都留下了烙印。

1864 年太平天国运动结束以后，时任江苏巡抚的李鸿章开始了其作为外交家、政治家、行政官的事业生涯。从那时起一直到 1870 年上任直隶总督之时，李鸿章仍负责主持打击捻军等起义的零星军事行动；但如今的李鸿章已成长为一名大官僚，手中的笔比往日的剑威力更大，也更能获益。1867 年，李鸿章上任湖广总督；次年，出任南洋通商大臣；担任通商大臣期间，李鸿章与欧洲官员和商人交往的范围迅速扩大，影响力迅速增强。时不时地，在作战和履任新职之间的短暂间歇，李鸿章会回到安徽老家探望母亲，忙里偷闲地培养些自己天生倾心的居家小情趣和小爱好。1868 年，在赴武昌上任总督之前，李鸿章在合肥的别院住了三个月。李

---

[1] 译者注：今天的新疆伊犁地区。

鸿章的第一任妻子死于太平军之手，他之后又续弦了。也许是上天的安排，也许得益于父母的智慧，李鸿章的第二任妻子是一位非常了不起的女性——她聪明睿智、心胸开阔、亲切优雅。有关李鸿章生活的所有记载都表明：他亲切友好的人生哲学，在逆境中刚毅不拔的勇气，以及宽容开明的态度在很大程度上都得益于他的母亲和第二任妻子。他对这两位女性都非常忠诚；李鸿章对母亲的孝顺非常令世人称道，特别是在母亲的葬礼上，他的做法令他在都察院的政敌曾不止一次以此为借口大做文章，攻击他虚荣铺张，非法敛财。

　　1870年，李鸿章率部队前往陕西镇压叛乱，并从陕西直接赴天津上任总督，从此以后就再也没机会见到生前的母亲。1882年春，李鸿章的母亲在其兄李瀚章位于武昌的总督官邸过世。李鸿章悲痛欲绝，写下了感人至深的悼词，并希望不惜一切代价，遵从儒家丧礼为母亲守孝——儒家丧礼规定，直系亲属过世，官员需服丧，丁忧27月。为此，李鸿章多次向朝廷上表，恳请卸职还乡为母亲守孝——他的那些奏疏至今被文人视为此类文章的典范，其中几篇也出版过英文版本；其中一篇非常值得摘录于此，因为它不仅是李总督优美文字功底的典范，其中记录的一些事实也与李鸿章职业生涯相关研究颇为相关。此篇奏疏曾刊载于1882年5月16日《京报》：

　　　　奏为近接家信，臣母久病不愈，吁恩赏假，驰往省视。恭折沥陈，仰祈圣鉴事。窃臣母李氏（其未嫁之姓也为李）迎养在臣兄翰章湖广督署，先后已阅十年，现已八十有三岁，平日气体尚健，自去冬感患便血之症，延医诊治，血止而夜热未清，春初稍愈。臣前遣长子经方赴鄂代臣侍奉汤药，顷接来信，痰咳时发，饮食难以多进，老年气血久亏，思子愈切，病情增剧，臣闻之心急如焚，寝食俱废。念自同治九年春间督师赴陕，叩别臣母，不见颜色十三年于兹矣。报国日长，而报亲日短。今母病久未痊愈，中夜辗转，刻难自安。相应吁恩逾格天恩，赏假一月，俾臣即乘轮船航海，溯江而上，克期驰往武昌省视臣母病状，稍尽乌乌私忱。感激隆施，曷有既极。倘蒙皇太后、皇上福庇，臣母得见游子归侍，可以调理复原，臣当迅速回任，以供职守。至北洋海防及中外交涉事件并直隶地方政务，均关重要，应请简派重臣来津署理，俾无旷误。所有请假省亲缘由，谨缮折由驿具陈，伏乞皇太后、皇上圣鉴训示，臣不胜迫切屏营之至此。谨奏。

李鸿章并没有夸张他在天津担任总督责任之重大。朝鲜问题以及日本对朝鲜地区虎视眈眈的诉求等问题越来越困扰中国政府，在中越边境的东京[1]，中法之间又产生了新的边界纠纷。因此，李老夫人在武昌去世之后，李鸿章还未来得及启程奔丧，朝廷就已经明确表态，不会批准他守孝超过百日。为了国家利益，李鸿章不得不压抑住心中的悲痛，"即以慰伊母教忠之志"。1882年秋，朝廷准假两月，让他回家安葬母亲。

李老夫人的葬礼规格很高——祭奠盛大、隆重壮观，给当时的世人留下了极深的印象，因为这不仅体现了李总督的拳拳孝心，更反映出李氏家族在过去二十年来积累起来的财富和权势。李夫人墓前聚集了一大批信奉祖先崇拜的吊唁者：其兄总督李瀚章、两个弟弟、20个孙子和8个重孙。接下来，在虔诚的仪式之后，李老夫人的牌位被请入李氏祠堂供奉；一众官僚前来吊唁，表达了对这位身为两位总督之母的伟大女人最真诚的敬意和哀思。[2]

撰写那本所谓《李鸿章回忆录》的作者声称，李鸿章在访德的第七日曾写下如此文字：

> 今日闭门谢客，缅思慈母在天之灵，十四年前之今日是其忌日，一直念我前往九泉平阳。平生历事，有难有哀，有乐有荣，事事皆令我念及慈母在天之灵，其人无所不在。

---

[1]译者注：越南某地旧名。
[2]译者注：非常有趣的是，李鸿章的母亲本身也是李氏家族一员，按理说不能嫁给李鸿章父亲。但李鸿章的父亲是收养的，本姓徐，所以无碍。

我父先于我母逝去多年，其墓崇伟。我母千祈百祷，求我父之灵
将其领去，聚首于永生之欢谷。我母绝无自尽之意。莽莽众生，无分
智愚，皆以此为壮为荣，然我父之爱侣不以为然，先人之灵亦不以为
喜……

一生至哀，莫过于慈母之逝，本欲守孝一年，然圣上与俄国商议
朝鲜情势，我必得时时函商总理衙门。

适才宋将毛奇之信送至，明日读之。今夜长读圣贤之书，纪念我母。

这位作者试图构建这样一段记忆的行为颇为有趣，因为它充分体现了
李鸿章这位恪守儒家正统思想的学者是如何谨遵儒家孝悌大义的。在这个
例子里，很难说李鸿章这样做有多大程度是真情实感的流露，又有多大程
度是为了启迪后代而故作姿态而已。李鸿章与母亲（及其他家庭成员）感
情很深，凡是与他亲近之人对此都毫不怀疑；但本性使然，即使是亲情挚友，
也会被他忍不住用作政治或文学资本。在波茨坦，偷得一夜之闲的李总督
放弃了宝贵的休息时间，花了五个小时，以虔诚之心诵读《孟子》，遥祭
远方的母亲——这一画面完全符合儒家经典传统，但也并不完全可信。

虽然整日忙碌，但在属于自己的私人时间里，李鸿章本质上是一个"居
家男人"。虽然后来事业有成，腰缠万贯，但他的家庭生活并不完全顺风
顺水：与第二任妻子结婚之后，两人多年无所出。李夫人身体一直不大好，
1879 年一度恶化，李总督经人劝说，找来了一位女医生，由天津伦敦传
教会的麦肯齐医生协助为其治疗。在女医生治疗之下，李夫人的宿疾得以
治愈，李总督对欧洲医术的信心从此奠定。为了证明自己对欧洲医术的信
任，他还指定麦肯齐医生和欧文医生为自己家族的专职医生，定期为自己
和府上男性家人诊治；并在 1896 年出访国外时邀请欧文医生随队陪同。

李夫人康复不久就做了母亲，这让李鸿章大喜过望。此前，为了延续
自己的一脉香火，遵从儒家祖先崇拜的传统，李鸿章把已故兄长李昭庆的
儿子过继到了自己膝下。这位嗣子名为李经方，后世常称李袭侯，曾先后
任中国驻伦敦、东京公使和其他职位，为国效力。在政治方面，满清政府

期间，李袭侯在外交上亲日仇俄；清政府垮台之后，在 1911 年—1912 年革命风云变幻的日子里，他又隐居大连试图避世。李经方整个职业生涯中都未表现出超人的精力和政治独创性。他在行事风格上承袭了其父李鸿章的城府和市侩，但缺乏其勇气和创新精神。如果一般性记载所言属实的话，李经方完全承袭了父亲贪财的本性，行事非常小心谨慎，任何对李氏家族、特别是对他自己没有好处的事情他都绝不会碰触。毫无疑问，他预见到了孙逸仙试图在中国推行代议制共和政府的梦想定会以失败告终，且精准预计到其必然会引发军事独裁和大规模混乱。

很显然，在研究李鸿章职业生涯及其对中国历史影响的时候，其下一代的性情品行和行事风格非常值得我们关注——可以说，他们甚至比李鸿章的前辈更值得探究，因为他们在很多方面直接影响了现今的人们。但显然，也有观点反对在像这本书这样的著作中对李经方、李经迈、李经述等官员的职场事迹和私人生活进行批判性研究。但我们能够也需要说明的是，虽然在文学造诣和政治成就方面，李总督的儿孙们没有一人能与之比肩，但李氏家族的智慧在中国几乎是有口皆碑，这在其出色的敛财能力上已经得到证明。现如今，古老的帝国风雨飘摇，命运危在旦夕，所有一切似乎都在告诉人们：它要为自己没有准备好应对改变了且还在不断变化的形势而付出代价，而李鸿章后人以及所有中国高官的政治理想，都像是暴风雨来临之前的鸟喃。如今，这个国家又面临着新的威胁和屈辱，只有爱国的有识之士团结一心才能保卫国家。但引领这个国家的人——无论是改革派的知识分子还是旧派官僚——仍守着旧的那一套，整日为谋取地位、钱财、权力而汲汲营营。从这一角度来说，李氏后人没能继承身为其家族之光的李总督的远见和眼光。如果是李总督，他一定会意识到，由于职业政客整日为追逐个人利益的钻营以及君主复辟努力的惨败，这个国家已陷入危险；而且他一定会尽全力阻止危险的发生。

当前，与欧洲的战争已彻底暴露了中国的弱点，边境缺乏力量制衡这道天然防御，这种现状或许已经是李鸿章的外交手段及消极抵抗的力量所不能及的了。事实是，无论是支持袁世凯问鼎帝位的人还是那些图谋推翻

△ 1896 年，李鸿章出使英国。

他的人，没有任何人表现出了建设性的政治才干，也没有谁能够超越党争，只为了共同的目标，为保家卫国、抵御外敌入侵而努力。相反地，受到中国新旧政治家行为的鼓舞，侵略势力利用这一时期的纷争与骚乱，试图彻底摧毁这个国家民族独立最后的希望。而很显然，隐藏在这些政治家行为背后的动机，都是其自私自利、唯利是图的野心。

自革命以来，除一两个特例之外，李氏家族的人关心自己能否永居高位远胜过为保家卫国出谋划策。李家主要成员似乎可以分为两派，一派对革命党的共和纲领持正统保守的仇视态度；另一派出于家国意识，反对袁世凯对帝位的觊觎。例如李鸿章的次子李经迈，他是清朝知名人物，尤其在维也纳，更是集金融家和武器商人的身份于一身。1911 年，李经迈反对反清运动；但他和弟弟李经述都反对袁世凯。和李经方一样，他们可以被视为正统主义者，因为他们反对在中国未经明确武力斗争获得"天命"而建立的王朝。但正如鹭宾·赫德爵士 1900 年指出的那样，这种成功在当时现有情况之下是很难实现的。而很明显，其他出路无外乎内部纷争，紧接着就是异族统治。

李经述在李鸿章过世后三个月也去世了，那是 1902 年 1 月，慈禧太后刚从避难地返回。李经述的死被官方打造为遵守孝道的感人范例，但实际上，这只是他放荡不羁的生活习惯所致。近日，李经述长子、爵位继承人李国杰出任驻比利时公使。李国杰反对 1912 年革命，但他也不看好由袁世凯的朋友及支持者所发起的王朝复辟运动。李国杰的弟弟李国筼直到最后一直都在北京。清帝退位之后，李国筼出任广东民政长，但由于无法与强盗般的暴发户都督龙济光共事，便主动请辞，从这份有利可图却很危险的职位上退了下来。

李鸿章后代中最知名、最受人尊敬的当属其侄儿、前云贵总督李经羲。李经羲是坚定的保皇派，1911 年革命之后前往青岛避难，与众多满汉官员一起寻求德国庇护；但在袁世凯彻底解散国民党（或称革命党）之后，李经羲经人劝说回到北京。回京之后，李经羲担任短命的政务会总理一职，很显然，他相信满人很快便会重新回到皇位上来。但随着政务会被几乎由袁世凯的亲信和追随者组成的国会所取代，拥护袁世凯登基的运动走向更加明晰，李经羲再次离开北京，过上了隐居的生活。李经羲是旧政权的忠实拥护者，从他的角度来说也是一名忠实的爱国者，他富有勇气、创造力和独立的见解——在这些方面，他酷似自己的伯父。他的很多奏疏都体现了这些品质，其中最著名的一篇是他上奏朝廷，建议朝廷就片马边境问题向英国宣战；还有一篇，是他 1909 年敦促摄政王在 1907 年慈禧太后承诺的日期之前召开国会的奏疏。1902 年，李经羲曾被老佛爷罢官，理由是他"急切烦渎"，但后来又官复原职。

虽然李鸿章天性是个好孩子，在家庭生活中和蔼可亲，但对儿子们来说他却是个严父，尤其在学业方面要求非常严格。至于学习的科目，他的看法算不上非正统，但至少是自由的；但他希望儿孙侄儿等都能像自己一样，对孝道抱着虔诚的态度，同时也对儒家经典怀抱尊重。和大多数富有的中国"大人"一样，李鸿章的家居生活是建立在家长制基础之上的。但随着后代家眷人数的增多，李家就像个大旅店一样，变得杂乱无章。李鸿章用家长制的方式管理家族，想要通过有益的纪律与欢快的和睦的结合实现自己的幸福观。他希望诸子能够以自己为榜样，孜孜不倦、勤勉敬业，但与此同时他也意识到且乐于承认的是：他的子孙们缺乏贫困的刺激——而这正是年轻时激发自己的野心、鞭策自己去奋斗的动力。在其他方面，父辈创造的物质财富反而阻碍了他们的发展，束缚了他们的手脚。富人"做善事"比骆驼穿过"针眼"还难——这在中国得到了最极致的体现。李鸿章一向忠于自己，算得上是个思辨的哲人。在去世之前他就已经清楚地意识到，李氏家族及亲友在贪污公款、玩忽职守等方面已经恶名远扬，足以使他们成为全中国人民批判的对象。无论在国内还是国外，他给儿子们提供了最好的教育。但在传统教育理念里，父辈是孩子最好的范例，前有自己以及贪得无厌的兄长李瀚章做出的榜样，他没法指望后辈们能培养或展现出廉洁正直的品行。他无比清楚，贪财是中国所有罪恶的根源；像慈禧一样，他习惯打着官腔，每隔一段时间便公开将此恶源讨伐一番，但落实到行动上，他并没有找到遏制这一恶源的好办法，而他的儿子也以他为榜样，纷纷效法。1890 年代，天津的总督衙门俨然成了贪婪的追求官位者和阴险谋士的聚集之地；而随着儿子们逐渐成长，通过其父亲的影响力，也都谋得了官职，这种可怕风气的影响逐渐渗透并损害了他的家庭氛围。

李夫人的有益影响无疑是一种中和的力量，但随着 1892 年李夫人的过世，这种影响也消失了；年迈的李总督生命的最后八年是在孤独以及失败和羞辱带来的痛楚中度过的。这种生活对他的影响非常明显：他变得越来越愤世嫉俗，性格中愉快的达观也慢慢消失不见——而这正是至今为止所有无论于他有利还是有害的报道中所公认的特点。可以确定的是，李夫人对总督大人的有益影响是巨大的；夫人在世的时候，可以随时给他关怀，为他提供睿智的建议；当他工作遇到压力的时候，也会给他以力量，为他带来开心的活力。而李鸿章本人也一直是一个深情体贴的丈夫。

李鸿章性情温和，喜欢锦衣玉食，爱饮宴取乐。和慈禧太后一样，他对吃喝非常讲究，虽然偶尔会斗酒，但总体还是懂得节制和适可而止的。总的来说，他的身体非常健康；事实上，他人生成功的秘诀之一便是他过人的体力和吃苦耐劳的能力。1889 年，他患上了面部神经麻痹，但很快便痊愈了。1895 年，他非凡的活力再次得到体现，当时他正在下关与日本全权大使谈判，脸部不幸被日本人小山六之助射中。当时的李总督已经72 岁高龄了，他坚强地从疼痛中复原，这种平静的刚毅再次激起敌友发自内心的钦佩。对于李鸿章来说，这只是他日常工作的一部分而已，但从外交的角度来看，这却是一次非常幸运的偶然事件。

李鸿章深知自己在国际舞台上举足轻重之地位，也非常享受成功的滋味。他有着官僚阶级典型的傲慢和自豪，并陶醉于自己所掌握的权力之中——但其自豪也掺杂了他个人性格中的几分天真以及对个人成就孩子般的满足。荣华富贵最能令他开心，对此他毫不掩饰，甚至总是费尽心思，整日处心积虑算计着如何积累财富，即使这样做在某种程度上有损于他总督身份的威严。如果他早出生 50 年，或者说生活在乾隆年间，李鸿章也许会走上一条常规之路：凭借自己文学上的才华和成就获得声望，在大学士的位子上寿终正寝，一世清明，名利双收。但西方的影响以及在太平天国运动中所获得的有关外国人和外国事务的特殊知识使他到达了一个迄今为止任何官员都无法企及的高度；与此同时，也使他获得了一般衙门"压榨敛财"机器之外的积累财富的方法和手段。因此，在相对较短的时间之

内，李鸿章的名字在中国千千万沉默的民众构成的灰暗背景中凸显了出来。在外国人眼里，他具有外交敏感，有远见，有智慧，他的名字几乎总是与超人等特质联系起来。事实上，李鸿章并不是什么超人；他之所以能取得如此声望，其秘诀就在于当时史无前例的时代背景：即使在其失败的时刻，也能不断为他创造机会，使他的专业知识和旺盛精力有机会施展和发挥。

　　在接下来的章节中，我们将记述李鸿章职业生涯中的重要事件，分别从他作为官员、外交家、政治家以及海陆军防组织者的角度，对他的职业生涯从不同角度进行剖析和了解。

第三章

宦海沉浮

参照英国公使馆《京城及各省高级官员名录》（1902）中的简要记录，李鸿章政治生涯可以概述如下：

　　1853年，抗击太平天国。1859年，任福建道台。1862年，任江苏巡抚。1868年2月任南洋通商大臣。1867年任湖广总督。1870年任直隶总督。1875年获封资深大学士。1882年为服丧期（代理直隶总督）。1884年9月重新获任总督和大学士。1885年10月任协办海军大臣。1894年2月获赐三眼顶戴花翎，9月收回职务和黄马褂，12月官复原职。1895年2月去日本任和谈大使，8月返回北京。1896年参加沙皇尼古拉二世加冕典礼，10月任职总理衙门。1898年9月解除衙门职务，11月负责黄河事务。1899年任帝国通商大臣，12月任代理广州总督。1900年5月正式任广州总督。1900年6月任直隶总督，8月任和谈全权代表。1901年4月任新成立的督办政务处督办大臣。1901年11月去世。死后谥号"文忠"（意为博学、忠诚）。

从上面的概述可以看出，在 1885 年到 1894 年的这近十年时间里，李鸿章没有任何重大事件或是职位变动的记录。而这段时间正是李鸿章政治生涯当中最为富足、辉煌的十年：他在种种祥瑞之兆中度过了自己的六十大寿，轻而易举将财富、地位、权势尽收囊中。1894 年 2 月，李鸿章获赐象征皇室最高荣宠的三眼顶戴花翎——这标志着他攀上了仕途的巅峰。赞颂者在评价这份无尚荣耀时，将李总督与中国历史上最负盛名的诸多名臣相提并论。据中国史书记载，李鸿章所拥有的财富与另一位清朝著名权臣和珅不相上下，这位乾隆年间的内阁首席大学士高明的敛财手段可谓登峰造极。

1885 年，李鸿章担任直隶总督已有 15 个年头。由于深得"老佛爷"慈禧太后宠信，又与太监弄臣和其他紫禁城的奴才们达成了互利共识，得以抵挡异己的谋害构陷——李鸿章成为稳固皇权不可或缺的砝码。李鸿章的外交能力为人所共知，同样令人称道的还有他大胆采用西方兵法组建北洋水师的创举。那个时候，如火如荼的筹建工作还没有经受过任何实战的考验，在充满敬仰的国人和绝大多数外国人看来，这些准备工作和苦心经营，理应是卓有成效的。在外交领域，至少在欧洲各国政府代表看来，李鸿章个人就是清政府的象征：当时也有"京议津决"一说。1885 年，清政府成立总理海军事务衙门，任命皇帝的生父（醇亲王）为总办大臣，李鸿章为会办大臣，专责海军操练一事。在此后的十年时间里，李鸿章也因水上力量的壮大而收获颇丰。直至日本入侵，击溃了这只镀金裹银、中看不中用的"纸老虎"，北洋水师在甲午海战中惨遭覆灭。

在李鸿章顺遂富足的好光景终结前的最后几年，慈禧太后想着赐他三眼顶戴花翎，满足一下他的虚荣心。而李鸿章则一心思退，他深信，清政府若要保住在朝鲜的宗主国地位，中日两国必有一战，遂上书请辞，以年迈多病为由申请告老还乡。那年李鸿章 71 岁，时至当时，他所经历的失败和不幸与此前所取得的辉煌成就相比，简直不值一提。他的请辞自然有充分的理由，他预见到大清虚有其表的防御工事败局已定，何不让他人去直面风暴，自己还能落得个体面。但慈禧太后既不想退隐幕后，也没打算让这位她最为信任的朝廷重臣功成身退。1894 年，风暴一触而发：6 个月后，李鸿章被拔去三眼花翎，褫夺成功镇压太平天国运动后获赐的黄马褂，收回紫缰和其他种种皇权恩宠的象征。自此，他的命运开始转折，迅速滑向颓败。李鸿章生命的最后七年充斥着徒劳无功和辛酸悲凉。

若是慈禧太后在 1893 年准允了他的辞呈，或是他在 1892 年享受过70 大寿的盛势之后就安然辞世，那么李鸿章极有可能作为一代贤臣被载入史册，后人也可以自然而然地将清政府此后一系列丧权辱国的遭遇归咎于缺少了他的运筹帷幄。李鸿章长达四十年鲜有败绩的政治生涯让人们相信，他总能凭一己之力挽狂澜于既倒。而风烛残年的李鸿章，四面楚歌，承受着来自于异己的敌意、国人的愤怒责难和洋人的不满批评。若不是慈禧太后力保，他可能在 1895 年就被赐死了。我们这些研究他生平的当代学者明白，无论是他巅峰时的辉煌还是谷底时的潦倒，都难副其实；李鸿章个人命运的起落只不过是大环境的写照，绝非个人力量所能支配和扭转。李鸿章其实是一个典型的中国式官僚，只不过局势的瞬息万变和错综复杂常常让观察者忽略了这一点。是时运的力量将他推向了世界舞台的中心和权倾一时的高位，但这种力量不仅不受他控制，在很多时候也超出了他的理解。

在我们总把李鸿章看作一个老谋深算的精明政客的时候，最好也能记得，尽管他精通儒学，但因时局和眼界所限，他对人与事的认识与任何一个普通的中国官僚无异，一样浅薄，一样容易犯错。还有一点，他在中国官场取得成功的根本原因在于他的书法造诣，这种天赋与生俱来，而非后天习得。在尚文轻武的晚清，想要功成名就，挥毫泼墨发挥的作用可比舞刀弄剑大多了。每个中国学童的笔盒里都放着一只（官服）盘扣。一代又一代人以宗教般的热情集藏名家的卷轴书法作品。早在青年时代就职翰林院时，李鸿章的书法就很有名气，他也因此颇为自豪。那份杜撰的回忆录记载过一则轶闻，后经考证，似乎确有其事。1846 年 1 月，某位翰林院同窗给他看了几幅书法手稿，他阅后点评道：

此文立意尚可，但言语苍白，如市井之言。所书为草书，小气有余，风雅不足。其故事颇为引人，其语言过于平实，如同市井之语，但我不忍明言，以免伤其太深。仅言其草字俗而欠雅。我以最佳行书写就之文示之，天头及左角皆有精美图饰与雅色，渠颇为叹服。

　　这显然体现了他的恃才傲物。李鸿章终其一生都伴随着这样的情绪，常醉心于自己取得的成就。当然，他自有骄傲的资本，天赋过人，还肯下功夫；他苦练书法技巧，努力比肩先贤大家；他熟读诗词歌赋，出众的记忆力让他引经据典，信手拈来。成功投入曾国藩幕府便是他刻苦和天赋的必然结果和恰当回报。他在这个阶段的成功完全是凭借个人能力和追逐功利的意志；与此同时，他对接受的传统教育深信不疑，是个彻头彻尾的正统中国式官僚，对中国传统教育之外的领域一无所知。他粗通数学，对天文学也算有些浅显了解，但他绝大部分的知识结构都来自于虚无缥缈的儒家经典，包括那些陈腐的为官治国之道，自古流传的经国济民之法、典礼祭祀之术。论文风犀利，李鸿章的确不如他的同僚晚清名臣张之洞。张之洞的奏折很有特点，直白明晰，开门见山，这在当时的奏折中是不多见的。与同时代的所有中国官僚一样，李鸿章将全部的智慧和心血都倾注在了官场，全然不觉致命的毁灭力量已在中国大地上悄然积聚，中国长久以来自居"天朝上国"的传统将被彻底颠覆。即便李鸿章比他所有的同僚都更有悟性、更善于学习，但在当时，面对西方船坚炮利的侵袭，依靠书法造诣或者熟读经典，是保不了当朝统治者周全的。值得注意的是，即使后来他意识到了这一点，他也从没想过要踏出国门，像伊藤博文年轻时那样远赴英国留学，去亲眼见识西方蛮夷力量，一探其究竟。

　　在前面的章节中提到过一些李鸿章初登官场舞台的重要事件。由于缺少官方档案（大部分在1900年被烧毁）的佐证，关于李鸿章政治生涯具体的起始时间和地点还有些出入。英语地区作者通常接受的观点是，早在平民时期，李鸿章就通过招募乡勇、大办团练、力抗太平天国，展现出了

◁曾国藩。

对清廷的忠勇和爱国热情。当时合肥藩库（李鸿章在1854—1855年期间曾在此任职）里的银子几乎全数都交给曾国藩用于招兵买马，这个传说大概也是由此衍生而来。李鸿章初入曾国藩幕府的时间，可能并非是史书所载的1853年，而是1855年。尽管后来他平步青云，但其实直到四年之后，曾国藩精心操练的湘军才开始取得一些拿得出手的战绩，李鸿章带兵打仗的名声也逐渐传开。按照惯例，战功如约换来了仕途上的进阶：1856年，清廷赏李鸿章记名道台，次年又加赏按察使衔。直到1860年，他在任江苏总督期间接触到了华尔、白齐文、戈登和其他一些上海的洋人群体，这才让他从众多官员中脱颖而出，开始展露出那些最终带他走向辉煌，蜚声世界的从政品质和章法。

前文中已经阐述过戈登对李鸿章产生的影响。戈登引发了他对欧洲文明尤其是道德层面的思考，启发他以自己的聪明才智去探寻欧洲那套与中国大相径庭的道德体系所蕴含的真理和价值观。随后几年，由于他在对欧洲各国关系上采取的软弱态度，这些有益的思想萌芽被愤世嫉俗的批评声所扼杀，尽管如此，在 18 世纪 60 年代，这些依然对他的思想产生了深远影响。这种影响到底有多大，从 1867 年他初任湖广总督时呈给皇帝的一篇奏折的文意和措辞可以得到印证——奏折中体现了他对欧洲道德法则的深信不疑，至今仍是他政治才能的标杆。

呈送奏折当日，皇帝密诏各省总督共议万全之策，力求遏止已迫在眉睫的洋人"修约"阴谋。北京方面意识到，洋人提出的那些得寸进尺的军事和通商条款，将给"天朝上国"带来新的危机，但总理衙门和皇帝派驻各省的首席代表们都没有意识到当时的中国已是病入膏肓，仍旧抱持着他们陈腐的目空一切的优越感。即便有少数人隐约窥见了事情的真相，也提不起直言的勇气。李鸿章作为最年轻的直隶总督（时年 44 岁），不仅深刻洞察了当时的局势，并且选择了勇敢直面挑战。略去在外交、商业、宗教问题上的相关段落，奏折中的这段摘录值得关注：

臣愚以为，与洋人交涉之最要，为免引其轻侮。一旦轻侮心生，彼将一步一阻，虽实在可行之事，彼亦百计阻挠，使之难行。若彼崇我中华，诸事皆可互商办理，即难题亦可妥协处置。

常言洋人狡狯恶毒，计诈出我意料之外，实则华人何尝不是如此；或谓华人蛮横，狡诈恶毒更胜于洋人，实因目前洋盛华衰：盖人之强所自何来？非与生俱来也，全凭"仓廪实而武备修，而民信于我"（《论语》）。中国之弱所自何来？亦非与生俱来也，实因未备行此理之故。夷国现状颇肖中国和议之前，甚或更为强大。

洋人来华，多处开埠通商，将其货物运至各地。其开埠达五口之多，唯一图谋乃将我中国之财富据为彼有。不问可知，洋人冒险来我中华，必有所恃，方能无畏；彼之所恃，无不可为我中华所恃之源。

然则，若彼恃其所强，凌我之弱，裂我国土，分我腴疆，则危在旦夕，我必持定见。所幸此种情势之发生，似不必过忧，只因除俄国而外，诸夷皆距中国过远，得其国土无异于自增烦恼。

诸夷之繁盛，实与中国人民之福祉密切相关。较之榨干中国百姓，彼何不加以利用，方可取之不竭？

此次与英国修约，乃一至要契机。一旦英约妥善处置，其余列强当无难对付。可虑之处，为彼借明年之修订，动以高压，索取让步。然此亦可预知，一旦成真，自必需拣选精兵能将面对，若无此虞，即可着手谈议。

简言之，若怀复仇之心，设计击败外国列强，则须等到兵多粮足，各行省已无反贼，亦无回民暴乱，资费不难筹措，则出手时无所犹疑。那时所向无敌，否则切忌轻出浪战。纵已筹备完全，仍须万分谨慎，持续小心，等到士气高昂，而阵容强大。那时将无战端，诸事平息。即便开战，亦不无胜算。

臣与洋人办事有年，对其性情最熟，见其无论置身何事，皆能尽忠职守，无欺无伪。其办自身之事，自有一套规则，可为我知。然其处事之细节及动机，却无法完全知悉。其办军务之态度，是其率直之明证。英人戈登曾为苏州总统，募集三千“常胜军”与粤贼作战。嗣后克复苏州，臣亲见该将身先士卒，奋勇镇定，诚为可嘉。后蒙圣上奖赏。

臣亦曾与署两江总督曾国藩联合洋人创立西式训练的步军马队，并着手制造汽船。曾国藩深信其奉行正直与友善之原则，对中国并无怨恨之心。有事实在此，其余可想而知。

有鉴于此，臣建议采取与洋人往来之策。所议事项之处置，似无须操之过急，驻京外国公使显亦不会强求速决。

若皇上成年之时，亲纳臣所建议之策，则万事平顺无虞。

在对其政治生涯始终秉承的政策理念发表了上述精妙阐释过后三年，李鸿章接替曾国藩出任直隶总督。在这个位置上，李鸿章作为朝廷最高级别的封疆大吏和京城的外交前沿，辅佐清帝长达四分之一个世纪，未有间断。在这么长的时间里始终由同一个人把持内阁要职，说起来其实并不合法理，但慈禧太后本身就是法理，也早已习惯了在这类事情上开创先例。慈禧太后知人善任，重用李鸿章之举便是个很好的例证。尽管因为对总督大人的调停政策一再纵容，让朝中妒羡者和主战派对慈禧太后的批评声不绝于耳，但凭借多年的经验，她很快意识到，要在对抗欧洲列强时替大清保存颜面，在敌人兵临城下时与之斡旋进退，群臣中除了李鸿章，没有一个能堪此大任。

李鸿章与洋人打交道的原则和方法在后文中会作详细阐述。如果单从李鸿章作为一个中国式官僚的角度来考虑，不难发现一个重要的事实：在任何情况下，他都忠诚勤勉地秉承着前文引用的奏折中所体现出的、在其他很多场合也反复宣扬的行事原则。他自己心里也清楚，"和戎"的外交主张会让他遭受崇洋媚外的骂名；御史参本弹劾他，斥他懦弱无刚、卖国求荣，张之洞和另外一些仍怀抱天朝上国美梦的同僚也对他的调停政策百般嘲讽。毫无疑问，在对待洋人方面，他的确是主张温和。但诽谤指责他的人都忽略了一点，他之所以做出这样的选择，是因为他深知当时的清政府根本无力对抗外敌入侵。避战求和的原因不是傲慢，而是大智慧。与此同时，他也为强国富民做着系统的努力，希望大清国能像日本一样，摆脱贫弱无能的境地。他一方面想重组中国北方的军事防御（地方当局不会允许他继续推行下去），另一方面又在危险争执爆发时迅速附和其政敌。说到底，他起码还算有一套政策。面对指责，他完全可以回击那些批评他的人，他们压根儿想不出什么更好的法子，更别说提出什么成体系的政策。他也可以理直气壮地指出，是他在其任内严厉打击针对外国人的袭击的做法，避免给欧洲列强留下发动侵略的托辞，迟滞了其侵略的时机，做出了比以往任何一任总督都大的贡献。（1900 年，社会各界普遍认为，如果李鸿章还在天津，义和团绝打不出山东省。）

尽管在李鸿章去世后，人们为他修建祠堂，朝廷为他追封谥号，袁世凯和深受儒家思想影响的整个官僚阶级都对他尊崇备至，但他的政治和外交才干为他在国外赢得的声望远比在本国民众当中要高。人们对不了解的事情总是抱有美好幻想。对李鸿章在中国加强军事、推行改革的种种举措，

△ 1865 年李鸿章在南京筹建金陵制造局。

外国记者和千方百计想进他衙门的周游世界者基本都会如实描述其规模宏大和远见卓识。总督大人在与洋人打交道的过程中也很快发现了正面宣传的价值。在记者们的热情帮助下，他让世界各国都相信中国军力强盛——而他的成就还远不止于此。正是这些正面宣传，为中国在海外确立了一个伟大的、崛起中的大国形象，赢得了应有的尊重。

　　所有涉足欧洲外交事务的中国官员，尤其是驻外使节，出于显而易见的理由，都众口一致地断称中国必将迅速"觉醒"。在 1885 年到 1894 年期间，"黄祸论"开始在欧美甚嚣尘上，最终形成了气候。在那段时间，许多关于中国的海外出版物中，必有"中国加强军力""东方巨人之觉醒"的章节。德皇威廉二世[1]、海关总税务司英国的鹭宾·赫德爵士的极为偏

---

[1]译者注：曾炮制宣传画《黄祸》。

颇的言论常被引用来支持这些观点，李鸿章被鼓吹成这个新格局的缔造者，所有"黄祸论"的倡导者都应声附和。于是我们开始思考，到底是什么特质能让他担此重任，他二十余年兴建水师、操办军事的成果究竟是什么。现在，我们有充分的理由说，一方面海外媒体的宣传报道夸大了西方世界对中国军事效率和资源的想象，随之塑造的李鸿章形象才得以震撼了海外资产阶级；另一方面中国国内有学识的阶级则对李鸿章和其所作所为不以为然，他在国内获得的评价远不及英国、美国、俄国。尤其是他的同朝幕僚们，一方面充分支持他的挽尊政策，另一方面也清醒地认识到，这套所谓的新政与当时中国的其他任何一项政事一样根基不稳，站不住脚。他们深知，在看似威风凛凛、装备现代的舰队和堡垒背后，衍生出来的盘剥敛财的新路数也随之野蛮生长，不断壮大。他们发现，李鸿章的裙带和门徒牟取私利的情况屡见不鲜；种种迹象表明，他看似先进文明的军事、水师体系终究还是逃不出任人唯亲、滥权贪腐那一套封建老传统。换句话说，李鸿章也是这其中一员，一个彻彻底底的中国式官僚，他的施政效果也不会比他那些掌管着大清帝国其他领域的同僚们强到哪里去。但凡对内情有点了解的人恐怕都不相信那些水师、军队的官员们会军令如山、秉公尽职，这些人大都是靠着家族影响和宗族利益才混得一官半职的。中国人，在任何情况下，对这类事情都是毫不含糊的。在中日战争即将爆发前的这段时间里，李鸿章俨然成了洋人眼中爱国热情和远见真知的化身，而国人对他的崇敬，则很大程度上源于他总有办法为亲戚朋友开辟出"盘剥敛财"的新路子。

作为清廷镇守北京关口的头号论战喉舌，李鸿章可谓富可敌国；坐拥淮军、水师为代表的强大派系势力，还有慈禧太后历久弥深的鼎力支持，所有这些要素叠加在一起，即使谈不上尊重，也让他赢得了朝中同僚的敬慕。他们敬慕他头脑灵活、精力充沛、困境中总有变通之法；敬慕他总有办法赚得荷包满满。也正是出于同样世俗的理由，他们对左宗棠和张之洞这样空有一腔堂吉诃德式耿直坦荡，却只能过上清贫日子的文官嗤之以鼻。与此同时，李鸿章在国人当中一直不大受欢迎，尽管他交际手腕高明，却免不了在高层中四处树敌。就像中国历代成功的官员一样，他也不得不反复承受莫须有的贬黜所带来的痛苦。在中日之战的惨败成为政敌指摘他的有力武器之前，他早就经历过这些了。

李鸿章寄望于通过缔约议和遏制洋人入侵的势头，并因此而饱受来自主战派和为其适从的御史们的猛烈抨击和严厉责难，这种情况在 1884 年中法战争期间尤为严重。在其他时间里，危机的根源本在于清政府的愚昧无知和各省的冷漠推诿，但逆转颓势、起死回生的艰巨任务都落在了李鸿章一个人身上，签订《东京撤军条约》时便是如此。在所有这些事件里，李鸿章已经算是把赔本买卖谈到了最好的价钱，却还是遭到了京城里那些不惜一切代价也要与列强一战的狂热分子的野蛮攻击，控诉他把大清神圣疆土拱手相让给了西方蛮夷。要不是老佛爷一路保驾护航，他绝抵挡不住政敌们的猛烈攻势。得益于慈禧太后的祖护，他才有办法稳坐朝堂，只把这些责难当作"犬吠"，而不屑于用其人之道还治其人之身，再找些御史来揪他们的辫子，反唇相讥。

与日本战败之后，就连慈禧太后也不敢再执意对李鸿章委以直隶总督的重任。北洋水师和国防工事的溃败让她失望透顶，清政府签订《马关条约》的奇耻大辱更是让她懊丧难当。随后，维新派开始躁动，皇帝主导推行改革，满汉阵营分化的党争不断升级，而所有这一切在 1900 年爆发的义和团运动中到达了顶点。她理所当然地把这些归咎于屈败日本而导致的清廷失势。慈禧是个情绪化的女人，李鸿章和伊藤博文在所谓和平条约上签字的消息引发全国震动，这种紧张情绪自然也影响到了她的想法。朝中所有封疆重臣，不分满汉，众口一词，上书反对条约生效并要求继续再战。甚至连年事已高的刘坤一都表现得义愤难平，怒称宁可战死也不允割地，而完全没有意识到他还哪来的什么战斗的本钱。李鸿章的宿敌张之洞也加入了"犬吠"的行列，对他进行公然抨击。而在三年前，张之洞还在一篇极尽浮夸谄媚的颂词中将李鸿章盛赞为至忠之典范。还有几份密奏要求处决李鸿章和他的得力助手，"以儆效尤"。尽管心怀愤懑，对李鸿章这位鞠躬尽瘁、忠心辅佐她 40 余年的重臣，慈禧还是以诚相待的。虽然没能让他复任直隶总督，但设法保全了他的性命，还帮他另谋了个职位。

1896 年，李鸿章作为大清帝国首辅参加沙皇尼古拉二世的加冕典礼，这无疑是慈禧太后的安排。她借着俄国公使的建议，顺水推舟把他支到了政敌们鞭长莫及的俄国，给他留出了喘息的空间，也算是个挽回颜面的机会。

中日战争结束五年后，李鸿章仍被抛弃在政治冷宫之中，出使海外归来后，安排给他的职务不是闲差就是替补。所谓人不在就理亏。正当李鸿章出访欧美，享尽风光礼遇的时候，他在北京的政敌们也都没闲着，他们从列强诸国政府对李鸿章的高规格接待当中嗅到了嫌隙之机，向慈禧太后和侍奉她的奴才们吹风，说总督大人早忘了效忠大清的本分——而此前，慈禧太后对李鸿章的忠诚从未有过任何怀疑。此时，朝内政治阴谋和京城里新的派系结盟也呈愈演愈烈之势。李鸿章离京出访的这段时间里，他的势力被进一步削弱了。他多年的秘密盟友大太监李莲英在联俄抵日这件事上还是支持他的，因为这个老滑头很快认识到了这个计划可能在租界带来财路。满清贵族和保守派之间以及维新派和激进派之间的斗争日趋剑拔弩张，李莲英作为慈禧近臣自然是站在保守派一方，而李鸿章则看得更深远些，即使算不上更倾向于激进派，他至少选择了折中。因此，李鸿章出访回国即被一纸诏书免去官衔和封号，对此尽管外界一片哗然，但在那些熟悉宫中争斗内部历史的人看来，却一点也不意外。他遭贬的罪名是擅闯颐和园禁地。这次贬黜对他来说也是一个警醒：他所面对的政敌依然数目众多，手段依然阴损。通常在这种情况下，想寻求解决之道，就得慷慨解囊，重新笼络朝中友人。银子自然是免不了要花的；李鸿章自己常吐苦水，抱怨那段时间去京城疏通打点的花销巨大。但事情终究是如愿办妥了，很快李鸿章的荣宠和头衔都失而复得，并获任总理衙门，按照普遍的说法，这一次复出，花了他 39,000 两银子。

1900 年初，继总理衙门之后，李鸿章出任两广总督，而后来发生的事情让这个任命时机变得非常值得玩味。当时的形势，可以帮助我们推测李鸿章在生命的最后一年做出这样选择的动机。英国驻华公使馆声称，李鸿章被调离直隶总督之位是英国外交的胜利，也是对俄国的断然拒绝，然而无论是英国外交部还是英国驻华公使馆对 1890 年到 1900 年期间发生的事件都没有什么先见之明。任命李鸿章为两广总督有这么几重意味：一来，说明尽管当时端郡王载漪及义和团首领们已经取得了慈禧太后的信任，但她还是一心护着李鸿章的；二来，说明李鸿章自己也察觉到了风雨欲来，巴不得离得越远越好；再则，也说明在京城的那些反动分子看来，李鸿章还是个可怕的对手。在义和团运动达到顶峰之时，刚毅、徐桐等人头脑发热地相信将洋人驱逐出海是切实可行的，后者认为荣禄、李鸿章一日不除，就难保成功。在慈禧对端郡王提出的政策和行动计划表示完全赞成之前，李鸿章曾不止一次提醒过她别报太大希望。但当时慈禧一方面在巨大的希望和恐惧中纠结挣扎，谁劝也无用；另一方面她又不得不顾忌满汉民族之争，而这也成为义和团运动后期的主旋律。李鸿章直言进谏，为她分析了这样做的后果。而最终的结果是李鸿章黯然南下，他心里十分清楚，很快他又会被召唤回来，再一次在江山社稷和统治者愚昧无知、妄自尊大造成恶果的夹缝之中扮演调停者的角色。

义和团号称天赋神力，刀枪不入，而在其不敌八国联军、天津失陷之后，这个神话也被戳破。慈禧太后借义和团摆脱洋人的希望化为泡影。同时，她对端郡王、刚毅及其追随者的恐惧也随之终结；她摇身变回了"老佛爷"，对各方建议都持谨慎态度。为了绝境重生，她向李鸿章寻求帮助。她在懿旨中以"急需熟谙夷务之官员"为由命李鸿章火速北上，两周后任命其回镇直隶。当时的李鸿章已是垂暮之年、身心俱疲，还罹患重病，此后一年便因病去世。但对于这项危机四伏又费力不讨好的任务，他却从没有想过要拒绝。对他而言，效忠朝廷（主要是慈禧太后）绝不是嘴上功夫，也不是投机取巧，而是他作为一个读书人、一个臣子的第一要务，是他终其一生力行实践的原则。这一次，他又是疲惫又是懊恼，实在忍不住想跟慈禧说"早提醒过你会这样"；同时，他又把重返旧职当作一个机会，想多少挽回一些 1896 年丢掉的面子。他回复了慈禧催促的懿旨，对慈禧的信任和重用表示了感激，但也不禁回想起那些将他二十余年直隶生涯力推

△刘坤一（1830—1902 年），字岘庄，湖南新宁人。曾任
广西布政使，江西巡抚，两广总督兼南洋通商大臣。早年
参与镇压太平天国运动。1900 年义和团运动时，与张之
洞同洋人勾结宣布"东南护宝"，之后倡办"回銮新政"。

改革初见雏形的政治架构摧毁殆尽的愚昧错误。

忠君不渝是李鸿章最为显著的性格特征，这一点也在很多方面影响了他的事业发展。这种"忠"是建立在儒家思想原则基础上的，甚至在有些时候高过了并且独立于他个人对慈禧太后的忠诚。他为人极其正统，举个例子来说，1898年末的戊戌变法之后，慈禧欲废黜光绪帝，改立端郡王的儿子溥儁为皇储，他当即就对这种违宪的个人行为提出了反对。在这场危机中，他一马当先，联合两江总督刘坤一，以不合国策为由极力反对废立一事。每每涉及君臣之礼，他总是坚定站在保守一方，一味选择因循守旧。唯有在一次突发危机当中，他违背过这种传统和自己的良知，他与慈禧太后的紧密关系也可以追溯到那时：1875年，同治帝病逝，他奉慈禧太后之命派淮军入京，助她打乱了正常的继位之序。在那次危机中，李鸿章支持慈禧将幼年的光绪扶上帝位，赢得了她的终生感激，但也因其所作所为不合继位之法理而遭到了正统观点的谴责。尽管他那次的行动有失妥当，但罪不至谋逆天子的地步。自那之后，他成为慈禧最忠诚的追随者，倾其全力唯她马首是瞻。然而作为一个传统官僚，在慈禧意图对她的侄子、悲情的光绪帝痛下杀手的时候，他还是提出了坚决反对。

在当时国人的东方世俗眼光看来，无论是助慈禧垂帘还是反慈禧废帝，李鸿章都是为了自身的长远利益打算。这种世俗观点也足以解释他在1875年所做的选择：如拥立幼帝，慈禧便能继续把持朝柄，他所有的成败得失在此一举。但我们有理由相信，他和慈禧一样，对于那次事件中违背了一切儒家纲常伦理的行为还是心存悔意的。1898年，他个人的既得利益依然仰仗太后的垂青和服侍她的大太监的示好；与此同时，光绪帝和他的广东改革派们正谋求让维新派掌权。变法触及了李鸿章的个人利益，他自然是持反对态度。但后来他联合两江总督刘坤一反对废帝，则是出于更深远更智慧的原因，不全然是出于私利的考虑。

有人说，在李鸿章政治生涯中，他曾不止一次觊觎过皇位，尤其是在太平天国动乱期间。戈登在1863年写给清政府的信件中提及了这一传言，但对此也没有过多在意。1900年，俄国尚未大举入侵，列强代表们对于是否要继续维持满族政权仍争论不休，而李鸿章的名字作为建立汉族政权的备选人物被反复提及。但据鹭宾·赫德爵士观察，在当时推翻满清政权毫无意义，原因很简单，因为在当时的中国没有任何一个人或一个家族拥有充分的影响力和权威性，足以让人民拥戴他们去统治一个国家。凭借其自身的智慧，李鸿章明白，对于当时的中国来说，最好的办法就是把现有的当政者作为大清帝国社会制度的组成部分和祖先体统的基石保全下来。他十分清楚，改朝换代、让大清江山归他李家这种事是万万不可的。他支持还权于满贵，不是因为他们治国有方，而是因为他们已然身居皇位。他的政策是在权衡了传统思想、利弊得失和个人对慈禧的忠诚之后所做的慎重选择。从这一点上不难看出，1901 年他选择支持满族政权的理由与此非常相似，1912 年另一位儒学名家梁启超在驳斥袁世凯企图以个人名义建立汉族政权的阴谋时，也引用了这一观点。

1875 年，由于成功帮助慈禧太后再度垂帘听政，李鸿章对她的影响已是根深蒂固；在那之后，不论是直接施加还是假以李莲英之手，这种影响已成为长期支配朝廷、政府各部的一股力量。1884 年，慈禧罢免了恭亲王在总理衙门的职务，由庆亲王接任，光绪生父醇亲王出任名义上的政府首脑；李鸿章权倾朝野，在外交事务上更是一言九鼎。正是在这一时期，他意识到了推行海军中央集权化的必要性，并在醇亲王的帮助下将海军和海防事务由各省集中上收至中央政府统一管理。早在太平天国运动时期，他曾刻意破坏阿思本舰队计划，并不希望这支洋人监管的舰队脱离各省当局控制，改由中央政府直接指挥调配。而时至今日，当身居直隶总督之位，时局力量的影响让他意识到了中央集权的好处；他四方游说，力促北京建立海军衙门，而他本人也在天津担任海军衙门的执行首脑。做所有这些事情之前，李鸿章都得到了慈禧太后的许可和支持。他敏锐地猜测，只要是切实可行，将海防军权上收北京应该会和她心意，在大沽口驻上一支威风凛凛的舰队，也能助她扬一扬大清皇威。但不论是慈禧太后还是李鸿章都没有意识到——或者他们意识到了但选择视而不见——要实现军事力量的中央集权，必须以财政的中央集权为前提。十年间，海军体系看起来建设得有模有样，直到中日海战打破了幻象。那些年，与中国传统官僚金钱观相伴相生的政府腐败还尚未显露，或者从某种程度上来说，还尚未被察觉。但李鸿章本人深知，什么集权，什么国防，根本就难以成事。他知道，户部划拨的海防经费长期被巧立名目挪作他用，拿去给他效忠的慈禧太后修葺颐和园。他也知道，剩下的银子即便几经辗转到了天津海军衙门，还得遭受他女婿张佩纶的染指。更别说他想法子装进自己腰包里的那些。然而，战争爆发让糊裱匠的纸老虎土崩瓦解，带给大清国致命一击。但在那之前，李鸿章也好，其他海军衙门主事人也好，没有一个人对当时的情况有过怨言。只有在1896年维新变法后的一次面圣时，李鸿章曾向慈禧大胆提示说，如果没有维修养护的经费，水师想要做到运作高效、装备精良是不可能的。要是在钱这个事情上问心无愧，他大可以找些更有分量的事实和数据为自己辩解，为北洋水师的耻辱溃败找理由；但作为同辈中的智者，他选择了明哲保身，圆滑地保持沉默，选择了相信慈禧太后的慷慨庇护和李莲英的守望相助。后来事实也证明，他智慧的选择是正确的。

《马关条约》签署前后和签署当时，上奏的折子全是弹劾李鸿章主和误国的，但只有其中一封让李鸿章勃然大怒，因为奏折揭露他避战求和是出于个人财产的原因。毫无疑问，御史安维峻的这封奏折也体现了绝大多数李鸿章的批评者和同僚的观点。但是公平来讲，当时除了两江总督刘坤一，其他所有的中国高官大概都是如此。但在天赋皇权的统治体系里，对一个身居高位的大人物，这种话是不能在明面上说的，除非其所为确是罪恶昭昭、无可辩驳，或者此人已彻底失宠、绝无东山再起的可能。在这个体系中，一旦失势便任人贬斥宰割；但即便如此，一般人们对财务上的污点还是选择避而不谈的，除非这个失势的倒霉鬼所拥有的财富多到足以引发当权者的贪欲，必须将其除之而后快：这些是紫禁城内外永不停息的无声战争不成文的规定。在这样一场宏大的竞赛里，李鸿章和其他参与者一样睁大眼睛寻找着机会，财富傍身对保命的价值他也一直铭记于心。安维峻的奏折中提及了他中饱私囊的种种方式，措辞直白粗暴，将他那点小秘密全然公之于众，这让李鸿章恨得牙根痒痒，他的仕途很有可能就此断送。

但这篇奏折揭露出了中国官场尤其是李鸿章的惯用手段，现在读来还是意味深长。

　　窃北洋大臣李鸿章平日挟外洋以自重，当倭贼犯顺，自恐寄顿倭国之私财付之东流，其不欲战，固系隐情。及诏旨严切，一意主战，大拂李鸿章之心。于是倒行逆施，接济倭贼煤、米、军火，日夜望倭贼之来，以实其言。而于我军前敌粮饷火器，则故意勒肯之。有言战者，动遭呵斥。闻败则喜，闻胜则怒。淮军将领望风希旨，未见贼先退避，偶遇贼即惊溃。李鸿章之丧心病狂，九卿科道亦屡言之。臣不复赘陈，惟叶志超，卫汝贵均系革职拿问之人，藏匿天津，以督署为逋逃薮，人言喷喷，恐非无因。而于拿问之丁汝昌，竟敢代为乞恩。并谓美国人有能作雾气者，必须丁汝昌驾驭。此等怪诞不经之说，竟敢直陈于君父之前，是以朝廷为儿戏也。而抠臣中竟无人敢为争论者，良由枢臣暮气已深，过劳则神昏。如在云雾之中，雾气之说入而俱化，故不觉其非耳。

　　张荫桓、邵友濂为全权大臣，未明奉渝旨，在枢臣亦明知和议之举，不可对人言，既不能以死生争，复不能以去就争，只得为掩耳盗铃之事，而不知通国之人早已皆知也。倭贼与邵友濂有隙，竟敢索派李鸿章之子李经方为全权大臣，尚复成何国体？李经方乃倭酋之婿，以张邦昌自命，臣前已劾之。若令此等悖逆之人前往，适中倭贼之计，倭贼之议和，诱我也。彼既外强中干，我不能激励将士，决计一战，而乃俯首听命于倭贼，然则此举非议和也，直纳款耳。不但误国，而且卖国。中外臣民无不切齿痛恨，欲食李鸿章之肉。而又谓和议出自皇太后旨意，太监李莲英实左右之。此等市井之谈，臣未敢深信，何者？皇太后既归政皇上矣，若犹遇事牵制，将何以上对祖宗，下对天下臣民？至李莲英是何人斯敢干预政事乎？如果属实，律以祖宗法制，李莲英岂复可容了惟是朝廷被李鸿章恫喝，不及详审利害；而枢臣中或系李鸿章私党，甘心左袒，或恐李鸿章反叛，姑使调停。初不知李鸿章

有不臣之心，非不敢反，直不能反。彼之淮军将领皆贪利小人，无大
伎俩，其士卒横被尅扣，则皆离心离德。曹克忠天津新募之卒，制伏
李鸿章有余。此其不能反之实在情形。若能反，则早反耳。既不能反，
而犹事事挟制朝廷，抗违谕旨，彼其心目中不复知有我皇上，并不复
知有皇太后，乃敢以雾气之说戏侮之也。臣实耻之！臣实痛之！惟冀皇
上赫然震怒，明正李鸿章跋扈之罪，布告天下。如是，而将士有不奋兴，
倭贼有不破灭，即请斩臣以正妄言之罪。

祖宗鉴临，臣实不惧。用是披肝胆，冒斧锁，痛哭直陈。不胜迫
切待命之至。

奏折将清国战败归咎于慈禧宠臣李莲英干预朝政，这一点也常被激进
派和广东改革派用作武器。但这一次，奏折的义正言辞让慈禧敏感的自尊
挂不住了，却反而激起了她袒护李鸿章的意志。满朝文武对她执意偏袒的
李鸿章一致声讨，抨击他的外交主张，但她对此没有丝毫的顾虑和退让。
最后安维峻得到的只有一纸诏书，将他革职发派张家口军台。在一道以皇
帝身份颁发的圣旨中，慈禧道：

近因时事多艰，凡遇言官论奏，无不虚衷容纳，即或措词失当，
亦不加以谴责。其有军国紧要事件，必仰承皇太后部训遵行，此皆朕
恪恭求治之诚心，臣民早应共谅。乃本日御史安维峻呈进封奏，托诸传
闻，竟有皇太后遇事牵制，何以对祖宗天下之语，肆口妄言，毫无忌
惮！若不严行惩办，恐开离间之阶端。安维峻着即革职，发往军台赎罪，
以示儆戒，钦此。

后来的事实证明，李鸿章在 1900 年回报了慈禧此前施予的种种恩惠，
这一次换成他为慈禧的愚昧错误收拾残局，救她于水火。在北京议和的过
程中，他利用政治手腕，让俄国与西方列强相互牵制，力保慈禧大权不失，
也救了大太监李莲英一命。时年已 77 岁的李鸿章以过人的精力和才干与

诸国列强谈判周旋，赢得了国人和洋人的尊重。他在为国效力、为朝廷尽忠的最后阶段所做的几件事，成就了他的整个政治生涯中的最大贡献。毫不夸张地说，1901 年李鸿章在北京议和期间取得的成就，当时的朝中官员无人能及。

在同朝的其他封疆大吏看来，从曾国藩时期到袁世凯时期，李鸿章毕生的成就都得益于慈禧太后的偏爱。毫无疑问，他们认为这种偏爱不仅源于他出众的执政和外交能力，更重要的是因为他敏锐的商业嗅觉和高超的贿赂技巧。他在同辈人里从不受欢迎，在高官圈子里，人们总能明显察觉到不约而同针对他的敌意，这也与洋人总对他做出正面评价有一定的关系。在中国，为官之人从来就不是一个互敬互慕的群体，恰恰相反，这个群体充斥着围绕权位的激烈争夺，相伴而生的是极具东方文化色彩的尔虞我诈。每一个朝中高官都会在政敌和对手认为条件成熟、伺机合谋将其扳倒的时候发起反击。尽管有这些因素的存在，左宗棠、张之洞等人对李鸿章所表现出来的质疑和敌意以及对其外交调停政策的反感，还是不能简单归因于妒恨。在他们看来，他们的感受是爱国热情的自然表露。一方面，清政府在李鸿章主导的缔约议和中一次又一次陷入丧权辱国的境地；另一方面，西方列强对李鸿章的称赞不绝于耳，他们产生这样的想法也不足为奇。正因如此，在中法战争期间（1884—1885），法国政府因顾及"我方友人李鸿章"没有对旅顺施以福州马尾船厂那样的毁灭性打击，随后他们又以同样的理由放弃了赔偿的要求。十年后，日本政府执意要求任命李鸿章为马关议和谈判代表；这之后没多久，俄国政府紧接着向清政府施压，要求派李鸿章作为清朝首辅出席沙皇加冕典礼。在国人眼中，洋人对李鸿章的种种褒奖正好印证了他们的怀疑。李鸿章洞见了中国在军事方面无力与西方列强抗衡的事实，对于李鸿章在这点上表现出来的智慧，他的主要政敌张之洞却不以为然。恰恰相反，他认为李鸿章的主和政策是出于懦弱和腐败。抱有类似想法的还有左宗棠，他是个莽夫，对于清帝国的强盛仍怀着不切实际的妄想，丝毫不掩饰对李鸿章调停策略的鄙夷。1871 年，李鸿章在天津任北洋通商大臣，左宗棠任两江通商大臣，二人之间的激烈对抗成为国内朝堂的热门话题。在那段日子里，天津发生了针对法国传教士的屠杀[1]，李鸿章拒不开战的明确立场使得他在国人中更加不受欢迎，1900 年他拒绝支持义和团的矫诏乱命时也是如此。李鸿章年轻时就明白的道理，左宗棠却直到弥留之际才有所领悟：国无武装则理当避战以求自保，他也拿出了足够的气度改变了想法。然而大多数的封疆重臣和他的同僚们依然盲目骄傲，自鸣得意，直到最后都没能看清真相。正因如此，中日交战中旅顺失守，皇帝召集各省首脑商讨对敌策略，三分之二以上的人都赞成再战，宁为玉碎不为瓦全，宁可战死也不让寸土。这些主战派的请愿者们，对于战争一无所知，也没有任何在斗争中主动担当的意愿。他们的观点累加起来，无意间恰恰有力印证了李鸿章这个在他们眼中只会向西方蛮夷摇尾乞和的直隶总督的高超智慧。

张之洞与李鸿章互为对手和批评者。二人行事风格迥异，张之洞好浮华，而李鸿章则重实践。1880 年，清帝国陷入与俄国的伊犁之争，张之洞首次展示了言辞犀利的谏臣形象。但这一角色的成功，主要是得益于他出众的文采和对民众的无知，并不是因为他有什么站得住脚的论据。过后几年，他曾坦言激赏李鸿章的才干，但他 1880 年 6 月 1 日上疏奏请拒绝承认《里瓦几亚条约》，奏折中充斥着对伊犁事件的无知和对同僚的恶意怨怼。他先是建议废除条约、处决《里瓦几亚条约》的签订者崇厚，而后还进一步分析了对俄交战的胜算。如此一来，他侧面打击了李鸿章，通过敦促皇帝迫使李鸿章为重新赋予他的信任正名，为水师军备上的巨大花费负责。下文摘录的奏折选段尤为典型：

> 李鸿章高勋重寄，岁糜数百万金钱，以制机器，而养淮军，正为今日。若并不能一战，安用重臣。伏请严饬李鸿章，谕以计无中变，责无旁贷，及早选将练兵，仿照法国新式，增建炮台。战胜，酬以公侯之赏；不胜，则加以不测之罪。设使以赎回伊犁之二百八十万金雇募西洋劲卒，亦

---

[1] 译者注：即天津教案。

必能为我用。俄人蚕食新疆，并吞浩罕，意在抑印度之背，不特我之患，亦英之患也。李鸿章若能悟英使，辅车唇齿，理当同仇。

张之洞是个"迂腐学究"，一个愚钝的彻头彻尾的空想家，整天做着工业化的白日梦。他一直都羡慕李鸿章实干兼顾实惠的智慧，也同样羡慕慈禧对李鸿章位极人臣的恩宠。但作为一个儒学家和坚定的保守派，他对这位宿敌向慈禧太后表现出的忠诚深为认同和敬仰；和左宗棠一样，1900年发生的一系列事件，让他最后不得不承认，李鸿章应对西方蛮夷的调停之法确实比那些抨击他的吞火莽夫要来得高明。1892年3月，李鸿章七十大寿之际，朝中上下都盘算着如何给总督大人祝寿，张之洞以他最为经典的风格发表了一篇贺词，其辞藻之华丽在文学圈子里引发的关注比在政治圈子里还大。在这种祝寿场合，张之洞一般就是做做表面工夫，但他全然醉心于自己的文学造诣，像品鉴美酒一样欣赏着自己的文采学识。就知识分子这个群体而言，李张之争的结果大体上是让人失望的，但这一点也不影响深谙"细闻其声，其意自明"之道的文学界对他的追捧。意味深长的是，就在李鸿章的海防和舰队遭遇溃败前的两年，张之洞这位文坛斗士、帝国栋梁，还曾极尽溢美之词对他予以盛赞：

克虏伯之号犄角取势，山斗入海，台上通天，设伏兵于羊马之墙，藏军资于蛰虫之户。八面受敌，则如斗运中央；左右旋抽，则如月缺半晕，旁贵四下，故受攻击而不伤；直角相交，故合首尾而相应。顺八风而列八阵，循环无端；藏九地而攻九天，高下皆准。易京十丈，受降三城，方斯篾矣。

清政府的顶层高官全是由这样的知识分子构成的，整个官僚体系的根基是空中楼阁般的儒家思想，无怪乎在战败之时，张之洞和跟他抱有同样想法的人全都把猛烈抨击的矛头指向了李鸿章。即便是在他成功联合俄、法、德对抗日本，收复辽东半岛之后，两江总督刘坤一仍然不依不饶对他加以强烈谴责，拒绝承认他签署的条约。群臣都想揪出一个替罪羊。既然有一众朝廷重臣表率在前，御史们也开始群情激昂，大声疾呼要将李鸿章这个卖国贼处以极刑，肃清党羽。幸运的是，在李鸿章个人和整个大清帝国都命悬一线的关键时刻，他宿敌之一的帝师翁同龢意识到了继续战争实为不智之举。他为人坦诚，督促皇帝批准条约，建议很快得到采纳。多亏了慈禧的有力袒护，在反对的声浪偃旗息鼓之后，她临时将李鸿章调离天津，才让他及时保住了脑袋，免遭杀身之祸。随后，他同僚中更为开明的那部分人开始意识到这位老人是一股不容忽视的力量，并重新对他的睿智精明表示出赞赏，认为他有能力再次利用列强之间的利益冲突为中国争取权益。

　　然而，在绝大多数国人眼中，他作为一品大员、国之栋梁的显赫声名已被摧毁殆尽。建水师、办军事曾让他从众多同僚之中脱颖而出，然而经过实战的考验，证明这套新东西并没有比那些还在用中世纪方式拈弓搭箭的京防营强到哪去。他二十五年来因善用西方兵法而赢得的威望就此付诸东流，很快便被贬到地方；事实上，大部分控诉他的人经此一役也都学聪明了，声称军舰也好造船厂也好都是李氏家族敛财的由头罢了。1895 年，他从权倾朝野的高位一下子沦为众人口中的笑柄。即便如此，在他生命的最后六年里，他依然凭借不屈的意志、胆识和高超的外交手腕，挽回了一些声望。不到最后一刻绝不认输，也正是助他成就伟业的过人之处。

　　对李鸿章政治生涯的研究，如果忽略了他在工商企业领域花样繁多的进步活动，必然是不完整的。他担任北洋通商大臣多年，免不了要常和外国商人、领事馆官员以及可能获得特许权的那些人打交道，也在对外商监管和交易的过程中，构想和实践了很多为他的拥趸和他个人谋利的途径。他高超的商业能力自然是毋庸置疑。但如果当时他能够更多地从国家利益出发，从爱国的角度去衡量中国发展经济的必要性，而不是单单考虑一己私利，也许他可以为这个国家带来更为深远的影响和更为长久的裨益。不幸的是，他推崇和保护的各种企业，全都是为了帮那些全然不知何为行商、何为诚信的官员实现眼前利益最大化。挪用公款、任人唯亲之类的事情屡见不鲜，造成的结果自然是管理不善、服务不周。在铁路、矿场、棉纺、缫丝、电信、海运等所有这些领域的企业里，李鸿章都敏锐地察觉到了谋利的机会，还美其名曰"中国应该服务于中国人"，然而从他的用人和管理上来看，想达到这个效果是不可能的。

在外商入华强行要求居住权和开放通商之前，中国官员们都习惯于把钱投到钱庄、当铺、米店、房产和文玩古董等行当。通过这些渠道，既能投资生财，还能为安插亲戚朋友提供便利。不过从事这些行业的风险在于它极易被统治阶级强行没收，也极易在民众冲突中遭受损失。在上述这些种类繁多的盈利投资活动中，经营者从不对外公布损益情况，这是因为在中国既没有税务局，也没有所得税征收人员。以李鸿章的小心谨慎，他才不会把所有鸡蛋都放在轮船招商局或者北京辛迪加[1]这么显眼的篮子里。中日战争爆发前，国内常称李鸿章富可敌国，并且大部分银子都是投资在了房产和当铺生意上。那份所谓的"回忆录"中对他处理私人财务的独特之处宜有所涉及，他的许多亲戚（他们至今容许这些伪造的记载传播无阻）都从他的商业活动中获益，并且熟悉他的套路：

> 西方世界之小放贷者，或曰小额放贷者，似为大众所不齿，缘于其向借款者吸血。当铺老板在本地不受欢迎，原因在此。
>
> 然可断言者，外间多传闻我为中国多数当铺之老板，显系夸大之词。我之兴趣，主要在于若干省份之钱庄。我并不以此赢利为耻。另者，我乐于常能以小额借款帮助穷人，助其生财，助其劳作，予以希望。我并非以德行自诩，但无论何人，但凡遭受攻击，自保名誉人格，乃其权力与义务。我虽从当铺盈利可观，却非由过高利率所得。若我可带所有想我的管事借款而又无力归还之人，则我如今已成富甲天下之一人。再者，我从未用上天恩赐给我之财富为非作歹。我不买官爵，若我接受购买之官爵，我必以刀戳脸。

---

[1]译者注：英国、意大利合资企业，又称福公司。

我确曾向各省放贷大笔银钱，甚至放贷于朝廷，然当官服是我最大借主之时，确曾夺去我之荣衔若干。

毫无疑问，李鸿章曾经"贷"给朝廷大笔银两，这里的朝廷指的当然不是政府，而是慈禧太后和她的大太监李莲英。同样，慈禧也曾从她的小金库里拨出大笔银子（约 800 万两）"贷"给李鸿章，贴补他 1894 年对日作战所需的军费，这钱其实是迟来的良心钱，算是她把修建颐和园挪用的水师经费还了一部分回来。事实上，不论是李鸿章还是慈禧，在决断任何国家大事的时候，首先考虑到的都是这样做会不会影响到自己的私利。因此，李鸿章常被政敌指责，说他之所以坚持缔约割地的调停政策，是怕战争一旦爆发会让他个人的利益将蒙受巨大损失。但想来似乎也不无道理：无论是顺时还是战时，所有公款但凡经了他的手，便顺理成章到了他自己的口袋里。在欧洲人看来可能觉得难以置信，但对中国人来说，这就是典型的官场生财之道，是根深蒂固的传统。李鸿章的所为不过是证明了一件事：他根本无力改变这个造就了他的官僚体系。于他而言，战或不战，首先需要权衡的是战争会不会对自己的荷包造成影响，在建水师、办军事这些事情上他也同样是这么考虑的。

如果考虑到李鸿章作为水师和军队首脑的身份，这个话题就更值得探讨了。即便是斥责他被一己私利蒙蔽了双眼，不惜损害国家的最高利益，也无可厚非。1894 年 12 月，一篇由翰林院上书的奏折指出，李鸿章在日本的煤矿投资了数百万两，他的养子李经方（后任驻日本公使）也在日本有大量投资。这些说法可能夸大其词，甚至是凭空杜撰的，却体现了一种怀疑共识，是对李鸿章公私不分、假公济私行为的一个映射。

在建立官办企业组织形式方面，李鸿章算是先驱，模式上多多少少借鉴了欧洲的股份制公司；但不同的是，他创建的企业大多都是为官员牟利，由官员把持。不用费多大脑筋就能想象到这种贸易垄断大概是什么样，这些企业背靠李总督这棵大树，免受外商和国内同行的竞争，钱自然赚得容易。李鸿章最为人熟知的官办企业就是 1880 年成立的轮船招商局，筹建

△ 1880 年由李鸿章创办天津水师学堂。

资金一部分是李鸿章自己拿出来的，一部分是靠公众募款。这家企业由李鸿章亲信的中国官员管理，由外国专家在某些方面提供指导，英国人和美国人担任高级船员。轮船招商局成了一头产量惊人的奶牛，尽管公款被大量侵吞，还是连续多年保持强劲的盈利势头。作为北洋通商大臣，李鸿章让轮船招商局垄断了漕粮、官物承运，表面上看是出于公利。以同样的方式，他赢得了北京方面的支持，阻止了台湾巡抚和其他中国船运商船只在长江流域的贸易上与他竞争。19 世纪 80 年代，李氏家族开始在安徽老家迅速发迹，最终统治了安徽这个大粮仓的粮食贸易。随后，在 1884 年，开平煤矿效率提升，天津又修建了连接煤矿的铁路，如此一来，李鸿章不仅为他的航运船只提供了廉价燃料，也让他旗下官方贸易的盈利手段更为复杂多样。他又以同样的方式，支持在上海建立丝绵厂。所有这些企业都是李鸿章官办贸易组织的分支或者触角延伸，授权给他那位能力出众却厚颜无耻的亲信盛宣怀来管理。一直到 1895 年，这些工厂的生意一直都由官方垄断和保护，理由很简单：李鸿章作为北洋通商大臣，阻止了欧洲的竞争对手公司进口机械。然而，在盛宣怀的直接或间接管理之下，所有这些行业里都贪腐成风，这些企业赚的常常都是灰色收入。盛宣怀是个全才，擅理内务，多年担任大清电报局和轮船招商局的总办，身边人都叫他"老狐狸"。他在上海扮演着李鸿章商业代理人和中间人的角色，也因为这个位子，在国内甚至国际上都得了个贪得无厌、唯利是图的恶名。他紧紧把持着利润可观的肥差，将数条铁路借款权和矿山开采权让渡给了欧洲投资人，却由此导致大清国连年不断遭受列强侵扰。1894 年，李鸿章失势之后，盛宣怀巧妙地调转了船头。他一直都主张推行民营（私有化）经济，更看重赚不赚钱而不是怎么赚，钱也确实帮了他大忙。他继续贯彻着李鸿章的原则和意志，不管不顾地在洋人租界里从事贸易，雨露均沾地在比利时、法国、俄国、英国之间来回周旋。盛宣怀是李鸿章的奴才，就像李莲英之于慈禧，梁士诒之于袁世凯（后文中有更多例证）。两人关系紧密，奴才惹了事，主子自然也不可能全身而退，因此盛宣怀的所作所为也给李鸿章招来了不少骂名。

1897 年之后，建铁路成为影响欧洲列强在华势力争夺的重要砝码，也让中国的独立企业对这一领域望而却步；随后，全国各地的地方官员和乡绅强烈呼吁要求地方自治，这让铁路修建迅速变得更为复杂。因此，李鸿章只参与了天津—山海关线（可能一度是全世界利润最丰厚的铁路公司）一条铁路的修建也就不足为奇了。他尤其乐于为修建铁路提供资金。除此之外，他坚称修建铁路是开发中国经济资源的最佳途径。早在 1889 年，他就曾说服慈禧太后开辟一些国家级的铁路干线，但在当时，他认为不值得为了在自己的辖外区域修建铁路的事跟那些向皇帝进言献策的保守派真刀真枪地对抗。

最后，还有一个我们无法回避的敏感问题：身为官员，李鸿章还曾经种植和贩卖鸦片。在这一点上，他与绝大多数朝中同僚相比，可以说是不功不过。自 1860 年鸦片战争起，很显然，中国官员们都盘算着利用由身为欧美仁爱理想主义者的传教士发起的反鸦片运动大赚一笔。运动原本的目的是终止印度鸦片贸易，却反而让这些中国官员实现了境内鸦片供应的垄断。极力鼓吹中国式公正廉洁的李鸿章一贯态度鲜明地痛斥英国在鸦片贸易上的无耻无德，但同时又受制于世俗观念，对清政府一直以来对鸦片明禁暗弛的虚伪态度选择视而不见。相较而言，英美传教士和政客的视而不见性质更恶劣些，他们不仅无视中国官方在鸦片上明确的政策意图，还无视了鸦片遭禁后英国、日本企业大范围转而向中国走私吗啡并造成恶果的丑陋事实。在中国，镇压鸦片贸易的手段大多空泛可疑，因为支持这些政策的人往往把希望寄托在了那些毫无威信、动机不纯的中国官员身上。那帮中国官员认准了终止印度鸦片贸易蕴含着巨大的利益空间，由一小撮英国和中国狂热分子主导的真挚的革命运动[1]成了他们手中的有力武器。因此，1881年，李鸿章致信世界禁烟联盟秘书（这封信至今还在文明世界中流传），在信中表达了希望联盟能够支持"中国勉力摆脱鸦片之奴役"的愿望。他极为不情愿地勉强承认："尽管已经立法颁诏、三令五申，中国仍有一些地区在种植罂粟。"1894年，英国《泰晤士报》记者 G.E. 莫理循对华中旅行途中所见的偷种鸦片的现象作了更为简洁的描述，"从离开湖北直到缅甸边境，沿途罂粟田随处可见"，并声称中国最大的罂粟种植户就是李鸿章家族！这种表面上申张公义，私底下又攫取暴利的行为实在讽刺，而李鸿章也不过是恪守自古为官的传统而已。他那后来任驻外公使的养子李经方和他一样巧言善辩地声称中国马上就要摆脱鸦片荼毒，而安徽李家祖产的庄园里依然在大肆种植美其名曰"医用"的罂粟。

作为一个精明的商人，李鸿章把鸦片当作大米和其他的大宗商品一样经营。作为朝廷官员，他自然急于看到印度鸦片贸易被禁。一方面是出于自尊，但最重要的是要确保鸦片垄断权牢牢握在清政府手里。鸦片生意可比盐税暴利得多，也简单得多。他知道，不管调整后的税率多高，只要英国商人还能够自由进口鸦片，只要香港、澳门还在充当广东的走私贸易仓

---

[1] 译者注：反鸦片运动。

库，这种垄断就无法实现。与此同时他也意识到，向英国和印度政府施压的唯一方法，就是通过鼓吹宗教热情和人道理想主义，诱发社会舆论和基督教义的道德压力。于是，他以此为国策，千方百计地营造这种压力，可以肯定地说，绝大多数汉人官员行事也都是出于自尊和权宜算计，这一点与满人是不同的。一小部分义正言辞支持反鸦片运动的人和那些传教士一样起了误导作用，导致整个世界没能看穿国策背后隐藏的终极功利目标。但在这件事情上，李鸿章既不是先驱，也没有独立的想法。他只是一个典型的中国官员，他的行为都是由他的阶级偏见和个人利益决定的。

第四章

外交家李鸿章：与法、日两国的关系

这一章，我们会从外交的角度来探讨李鸿章的政治生涯，看看李鸿章从 1870 年在天津任直隶总督至 1901 年辞世这段长达三十年的时间里，在代表清帝国对外邦交的过程中，五花八门的种种活动。毫无疑问，他在世界范围内赢得的声望——我在前文中也提到了，他在海外的声誉远高于国内——首先应该归功于他在外交领域的卓越表现，而非政治、军事方面的成就。李鸿章是晚清政坛不可或缺的大人物，他舌战群儒，镇守北京外交大门，为中国的苦难发声，一次又一次安抚国殇之痛，三十年间无人能出其右。

在本章中我们会看到李鸿章在 1867 年发表过的一篇有关中国外交政策的著名奏折。在后来的外交历程中，他一直秉承着奏折中阐述的基本原则。正是由于李鸿章对慈禧太后的巨大影响，以及慈禧太后对他雷打不动的庇护偏袒，才让他有了足够的智慧认识到，要应对中国的哲学思想完全无法想象的西方武力，只能依靠谨慎调停，也使他有了足够的勇气去直面这个残酷的现实。几乎只有他一个人认识到了西方发明的蒸汽动力和科学武器将终结自古沿袭的天朝上国的妄想，也将打破大清闭关锁国的政策；这正是他的过人之处，也是他能够对清帝国统治者产生无可比拟的影响的深层原因。而在内政方面，他和慈禧一样，依然坚持着那些数百年来积累的治国理政的原则和传统，要维护独裁政府权威，保持民族文明。在外交领域，他一直试图寻找一条中庸之道，既保持上面所说的原则和传统，同时又能让中国尽快适应剧烈变化的环境。这也是他外交思想的主旋律和灵感来源。尽管被个人野心和贪欲蒙上了一些阴影，但李鸿章在此方面的努力毋庸置疑是极为勇敢并且极富爱国热情的。

对于欧洲式或者西方式的文明，他并不钟爱，甚至谈不上尊重。相反地，所有关于他的生平记录和文字材料都显示，虽然他一直推崇对外夷抚以谨慎调停的政策，但其实对中国社会和政治传统的道德优越感早已在他心中根深蒂固。1900 年，慈禧太后将所有希望孤注一掷寄托在义和团身上，寄望于他们能将洋人驱逐出海，而李鸿章要不是在政治生涯的早期就意识到了这些都是徒劳，恐怕也会支持同样的排外政策。他知道这一套行不通，于是倾力寻找消除西方武力威胁的新办法，通过古来有之的"以夷制夷"之道和机会主义的拖延政策，在中西方之间寻求平衡。这一政策如若要取得成功，至关重要的一点就是大清的陆防和海防都必须按照西方的科学原则重新组织。面对这个成功无望（无望是因为他只能依靠一己之力）的艰巨任务，李鸿章还是拿出了不屈不挠的斗争精神。多年来，他一直试图终结大清国故步自封的道德优越感，改变国防无力的现状。正如宓吉先生观察到的那样，他一直想努力扭转这种异状：

一方面打压朝廷由来已久的盲目自大，另一方面提升国力，让中国能够以和平、自信的姿态立足于世界民族之林。为了达到这个目标，他把自己塑造成了轴承的角色，中外关系围绕着他进退周旋，平顺、安全地运行，在构建这种国际交往的真正基础方面，李鸿章在国人当中哪怕一个支持者都找不到，他单枪匹马的努力对于实现这一设想当然只能是杯水车薪。

太平天国运动彻底失败之后，当时的李鸿章已是声名显赫，身居湖广总督的高位，通过阅读大量记录他与戈登和舍纳德·阿思本上校关系的材料，洋人普遍认为他是一个才干出众但身材精瘦的中国官员。舍纳德·阿思本上校在一支由清政府委任英国人成立的用于攻打太平天国的舰队中担任司令。1876 年，阿思本记录下了一些关于他性格的推断，这无疑代表了大部分生活在遵循条约开放港口城市的欧洲人的观点，尽管因为后来发生的一些政治事件让他们在某些方面的看法略有改变，但英国外交界——如 1883 年巴夏礼爵士及 1900 年克劳德·麦克唐纳德爵士所持的观点——对他的看法始终如一。因此，阿思本上校发表于 1864 年议会内刊中国第二卷中的观点具有深远价值，值得关注：

> 李抚台是一个很有才干的中国人，也和其他所有的中国官员一样毫无底线。他的计划是先削弱我的力量，然后利用我或者将我弃之如履，就像对待所有在他军中服役的欧洲将领一样。他是个受过教育的文明人，在对相关领域一无所知的情况下，掌管着清政府的陆防和海防事务……在确保戈登少校出色完成了高级军官的任务之后，李抚台开始逐步削弱他的力量，并且开始从两方面限制他的行动：一是切断了他采取任何决定性措施的途径；而后又给其他数名欧洲军官安排了几乎完全相同的职位，让他们相互牵制斗争。戈登看起来更像是在为李鸿章个人效力而不是为大清皇帝效力。当时戈登少校欲攻打苏州府，要求增派 100 名欧洲士兵。抚台大人倒是同意了，却说这 100 人只给他用一个月时间。察觉到此行为的不公和愚蠢，戈登拒绝了。而抚台大人则质疑他抗敌的意愿，对他言语羞辱。建议他麾下的所有欧洲军官组成突击队，让中国人踏着他们的尸体，向胜利进发。
>
> 英军在华总指挥官、抚台大人的上司布朗将军告诉我，他提出的任何忠告和建议李鸿章都不接受，会见也是刻意全数回避。布朗将军约他面谈，他竟粗鲁回复公务繁忙无暇接见。对待布朗将军尚且如此，

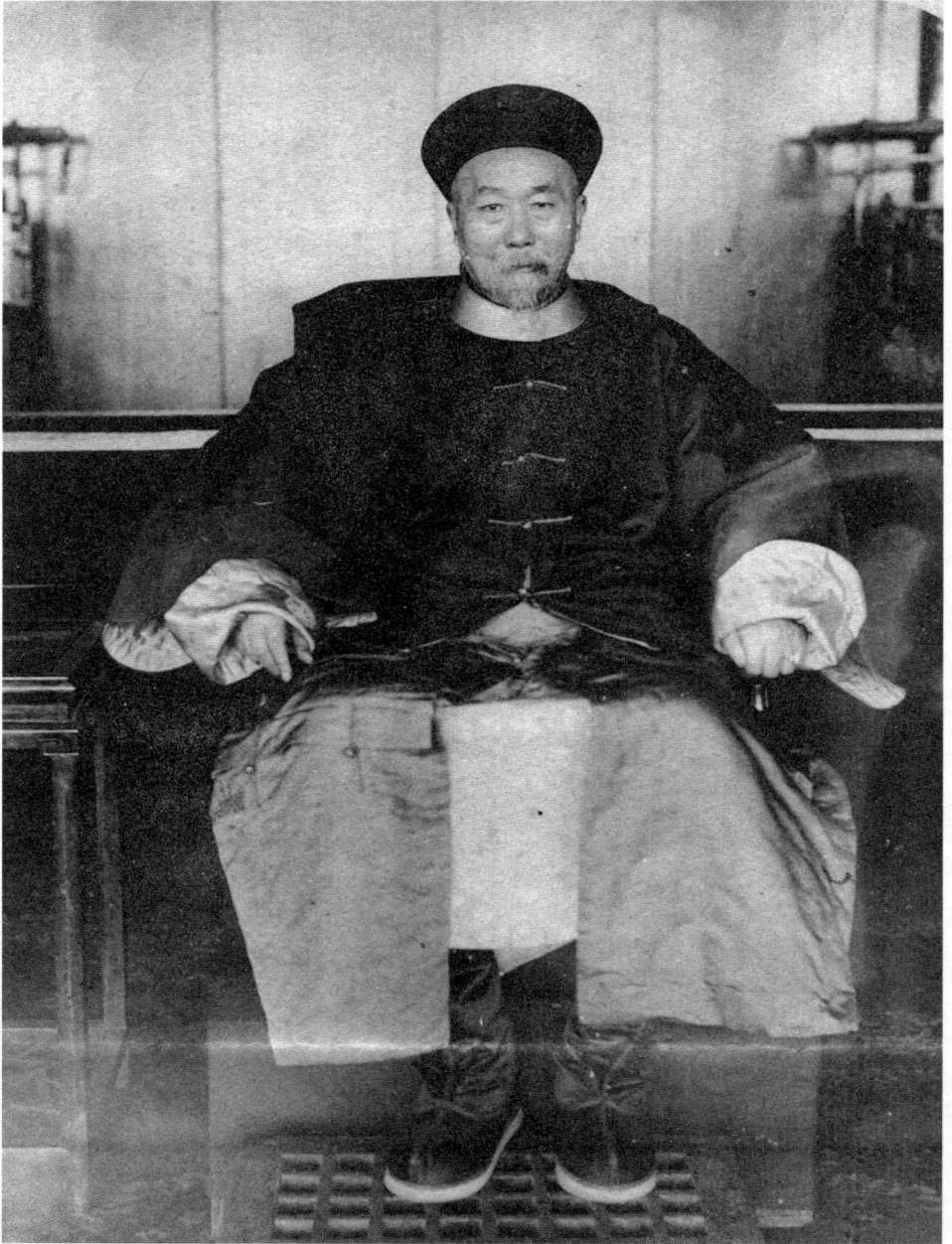

△李鸿章。

我作为一个下属，更是不指望会有任何中国官员听得进去我的建议。

宓吉先生在李鸿章死后的书面记录中，则对其外交政策有着迥异的评价。他一直是总督大人的坚定支持者。即便考虑到宓吉先生与李鸿章私交和工作关系，他对总督大人目的和方式的理解应该比阿思本上校盛怒之下做出的判断要来得更为公正、可信。据宓吉先生记录：

> 李鸿章被认为是迂回、狡猾、阴谋等诸如此类贬义词的代表，但事实上，如果我们从一个更宏观的角度去看待他的政治生涯，他的核心目标其实极为简单。他是个舵手，唯一的任务就是保证大清这艘巨轮不触礁。为了达到这样的目标，他必须照顾船长，安抚船员，还得努力避免与其他船只产生冲突。这真是个憋屈的角色，还得常常受辱。秉承机会主义，熟悉潮汐、风向和洋流变化，清除无视规则、横冲直撞的其他船只，这些都是确保安全航行的必要条件。要达到这个目标，需要时不时做出牺牲，为减轻负担抛弃货物，为避免相撞改变航向。虚张声势偶尔管点用，但绝大部分情况下，安全都是靠或优雅或狼狈地让步交换来的。因此，在 1874 年，靠赔款收买了日本。随后在 1885 年，为了避免一场可能根本打不起来的战争，中国同意与日本共同接管朝鲜，这对于弱势一方永远是个致命的安排。几乎在同一个时段，割让北越换来了与法国的相安无事；1894 年，他基本放弃了中国在朝鲜的利益。这些让步尽管换来了和平，却让中国一步步踏上了下坡路，逻辑上导致了俄国割占满洲。

从这个角度讲，李鸿章外交政策的根本动机，首先是尽一切可能维持和平，万一由于洋人出于既定目的发动或者国人的谬误而导致战争避无可避，就以最快速度与敌人谈妥条件。宓吉先生对李鸿章在中国外交事务上的角色是有公正判断的。但我们不难发现，他忽略了一个重要事实：李鸿章作为舵手的表现，常常被他的焦虑情绪影响，因为他总在为船上货物所牵扯的一己私利而担心。更重要的是，一些目击了朝鲜争端的人坚决反驳了宓吉先生的观点和不惜代价求和的理论，他们认为，李鸿章在朝鲜问题上即便没有决定权至少也是默许了，这直接导致日本在1894年顺理成章向中国发动战争。这个重要的问题我们会在后文探讨李鸿章与日本的关系时谈到。但在这里可以说，针对这个争议话题各执一词的英国作者们，无论哪一方的武断结论可能都缺乏充足的证据支持，因为关于这一事件的所有档案都在1900年的义和团暴乱中被破坏了。

李鸿章作为国际外交家的生涯应该说是从1870年6月担任直隶总督和北洋通商大臣开始的。那一年，他从湖广总督的位置调离的直接原因是清政府害怕法国以天津爆发的严重暴乱[1]为由对华宣战。在这次反基督教暴动中，法国领事馆和大教堂遭到损毁，法国驻华领事和16名法国修女被杀害。李鸿章听从了中国海关总税务司赫德先生的巧妙建议，从崇厚和曾国藩手中接过了与法国当局谈判协商的任务。三个月后，他成功解决了法国政府的赔偿诉求。他知道法国在当时还不足以通过武力对中国强行索赔，谈判任务完成起来也就轻松了很多。他极为圆滑地利用了这一点，表现得可圈可点，最终在极其困难的情况下挽回了清政府岌岌可危的颜面，也保住了对暴乱负有直接责任的中国官员的性命。李鸿章认为中国官员的人身安全神圣不可侵犯，在这件事情上，和在其他事情上一样，他的立场非常坚定；正是由于他的这种态度，一定程度上也是由于屠杀的残酷性，在香港、上海和其他一些开放港口居住的欧洲人对李鸿章的不满情绪空前高涨。不管怎么说，他议定的赔偿条件在北京受到了各方欢迎，他在与法国公使罗淑亚谈判过程中展现出的气度，给外交使团留下了极佳的印象。事实上，所有相关方面都明白，如果不是法国谈判代表明智地将谈判从首都转移到了李鸿章衙门所在地天津，这个问题是不可能得到圆满解决的。因为当时的总理衙门无知、无能又傲慢，发挥不了任何作用。

从这场危机和李鸿章处理危机的能力之中，衍生出了一种怪象，欧洲

[1] 译者注：即天津教案。

外交官在此后的许多年都身陷其中。根据条约规定和例行程序，外交谈判一般是同北京的总理衙门进行，但最终的结果取决于身在天津的总督大人，而且外交官们经常需要寻求他的非官方干预，来处置那些首都无法解决的问题。这个怪象正合总理衙门的心意，正好让那些好逸恶劳的官员可以随时把烦人的公使们丢给李鸿章去处理，一旦发现有好处，他们又可以拒绝承认李鸿章的非官方谈判结果。这也正合李鸿章的心意，处理外交事务为他的总督之位增添了威望，赋予了新的意义，并为他带来了他挚爱的两样东西：权力和金钱。

处理棘手问题时永远避重就轻，只说车轱辘话，这样的迂回政策在中国统治者身上屡见不鲜，对此马嘎尔尼与埃尔金使团已经下过结论。但在被迫签订天津条约之后，清政府在与欧洲外交官打交道的过程中，需要一些更为精妙的托辞，之前应对东印度公司的那一套已经不适用了。他们发现李鸿章能够实现这种新的外交理念。作为北洋通商大臣，李鸿章有权对几乎每一项洋人提交总理衙门予以协调的问题进行预审并行使地方当局权力，因此总理衙门在对相关事务做出最终决断之前也自然要征询他的意见。但与此同时，其实直到中日甲午战争爆发，他才成为总理衙门的正式成员；因此，他提的建议再诚挚，那些高高在上的衙门成员也未见得会采纳。北京方面则利用他的这一位置来解决那些无休止的拖延、推诿。英国驻上海领事巴夏礼爵士等愤怒的外国公使们认为，出于这样的目的设置一个职位实在令人难以容忍。很多外交官都在这种东方式迂回上吃过亏，像是一拳打在棉花上，拖到最后精疲力尽、身败名裂。其他人则试图寻找阻力最小的路径，并在非官方地、间接地与天津总督衙门打交道的过程中找到了答案。随着时间流逝，实际处理外交事务的任务越来越多地交到了李鸿章的手中，他总能在谈判中找到一个平衡点，让总理衙门和相关公使团可能达成利益共识。

这算是总督大人的功绩一件，虽然他极力保全了清政府颜面，也维护了朝中同僚官员，但从赴天津任职的第一天开始他就展现出了维护辖内法制和秩序的坚定决心，尤其是坚定镇压所有反对洋人的暴乱。刚一到任北洋通商大臣，他就发布了一份告百姓书，告诫说他手上有一支随时可供调遣的军队，"尤善剿匪平乱"，任何目无法纪的行为都将遭到严厉镇压。后来他不止一次地证明了自己对此是言出必行。在他担任总督的漫长时间里，洋人的生命财产安全在直隶辖区内得到了保障。

我们发现，李鸿章在这方面的态度与他1867年发表的那篇著名奏折是一脉相承的，即在认识到洋人船坚炮利，认识到大清闭关锁国政策已难以为继之后而选择的一种妥协调停的态度。尽管总理衙门和大多数其他总督们都认为，天津条约的签订不过是一个偶然事件，是平息外敌抢掠的一个临时解决方案，但在洞悉全局的李鸿章看来，真正的洪水猛兽还在后面，而这仅仅是个开头。因此，他不顾国人的谴责，继续奉行调停政策，在既要保存大清实质权力又不能给外国人留出任何进一步侵略空间的条件下让条约生效。毫无疑问，他在这件事上确实比同辈人要明智，他观点里展现出的胆识也值得钦佩。国人没那么开明，常骂他媚外，并没有看到他政策措施中所展现的智慧，也忽略了一个事实，那就是尽管他确实比他们更了解欧洲人，但从思想上来讲他还是一个彻头彻尾的中国人，深受儒家思想的影响。他原本认为欧洲人很讲道德伦理，随着对外部世界了解的增进，加之戈登对他产生的影响，他的想法发生了很大变化。那些贪婪的特许权所有者和抢地盘者的丑陋嘴脸让他开始产生了怀疑。同样地,在1870年代，他还对传教组织深信不疑，但在过后的几年中，他对他们的看法也开始动摇。尽管有过摇摆，但他对欧洲人，尤其是盎格鲁—撒克逊人道德法则的认识和印象到死都没有改变，虽然这套法则也有种种缺陷，但这套法则塑造出的官员、说出来的话还是让人信服的。不管是在公开场合还是在私下，他常常对这种非东方式的美德表示赞赏；他的这种赞赏无疑是真挚的，即便是在他利用这些美德达到自己目的时也不曾改变。

在天津教案平息之后，托付给李鸿章的下一个重要的外交谈判就是处理英国领事馆官员马嘉理遇害事件。1875年初，马嘉理受英国驻华公使派遣，带领一支印度政府派出的探险队探查滇缅贸易路线。清政府为他提供了正式的护照。然而后经查证，他的死是有人密谋安排的，缅甸国王和云南巡抚岑毓英都牵涉其中。英国政府按照时任驻京公使威妥玛爵士的建议，决定直接追究中国地方当局的责任。这样的诉求从政治角度来看是正确的，因为岑巡抚从来不接受中央政府对其辖内事务的任何干涉和建议；同时也因为在中国的行政体制中，各省地方高官对其辖内发生的任何动乱都要负直接责任。威妥玛爵士以英国女王的名义提出了要求，责令岑毓英入京受审，诉其玩忽职守之罪。如果当时英国政府和公使团对中国官场的潜规则能有更切实的了解，可能就不会提出这样的要求了——除非他们想以此作为宣战的前哨。二十五年后，义和团运动最终的处置结果也证明了这一点：对于中国的官员阶级来说，款可赔、地可割，万般皆可抛，唯独身份地位不能丢。在天津屠杀事件中，法国政府只是要求处罚一些职位相对较低的官员——一名知府和一名知县——即便是面对这样的要求，总理衙门还是上书密奏一封，称其"极为无礼，万无应允之理"。但在马嘉理事件上，英国公使为了一个被刺杀的领事官员，竟然要求公然羞辱一名巡抚，这相当于羞辱了整个官员阶级。就连北京大街上的贩夫走卒都知道，两国肯定不会因为这件事就打仗的。李鸿章带来了一种新的外交风格，他不像总理衙门那样简单粗暴，英国公使的处境越来越窘迫。在长达十八个月的时间里，他不得不眼睁睁看着他提出的赔偿要求陷入无休止的无谓讨论。他努力的唯一结果就是促使成立了一个联合委员会，现场调查马嘉理案。清政府以惯用的厚颜无耻，提名湖广总督、李鸿章之兄和岑毓英本人为委员会的代表。这样的一个委员会，调查的唯一结果只能是没完没了纠缠于一些无关痛痒的问题。尽管英国公使时不时会以开战相要挟，但清政府还是有十足把握相信这不过是说说而已，否则他们绝对不敢组建那样一个委员会。到最后，威妥玛已经不指望能得到什么解决方案，为了对总理衙门施以恫吓，他决定离开北京前往上海，如他自己所言，是为了与伦敦直接进行电报联系。这一可能预示着宣战的举动引起了清政府的警觉，朝廷立即任命李鸿章为钦差大臣处理此事。李鸿章听从了鹭宾·赫德先生的建议，在这场旷日持久的北京谈判中扮演了一个默默推波助澜的角色。在某个阶段，他在天津就曾任命哥哥李翰章为调查委员会代表与这位英国公使有过谈判，当时还向英国政府保证会慎重考虑威妥玛先生的诉求。但他承诺的那些安抚措施到了总理衙门全都被迅速驳回了，事态又恢复到了老样子。

马嘉理事件最终以《烟台条约》的签订画上句号，这是钦差大臣李鸿章外交手段的巨大胜利，但也仅此而已。毫无疑问，他在此事件中展现出了以夷制夷、精准判断对手攻击力的出色才能。早在直接参与马嘉理事件之前，他就试图把这件事与《天津条约》的修订联系起来，将北京谈判朝着这个方向引导，清政府在后者上牵扯的利益可比一个英国官员的死大多了，缔约的其他各国列强也是一样。这个目的达到了，问题也就复杂化了。他轻易说服了法、德、俄、美和其他列强代表，让他们相信自己在英国公使被诱导参与的烟台谈判涉及的通商条款中都有直接利益相关，同时也以很具吸引力的外交承诺作为交换，从他们那里得到很多有价值的信息和建议。通过这些渠道，加之海关总税务司赫德定期向他提供伦敦方面的情报，他知道尽管英国公使一直威胁叫嚣，但一个枪子、一个愤然登陆的兵卒也不会出现；其实英国政府也早就烦透了这件事，只要是最后能有个面子上过得去的解决方案他们都乐得接受。从李鸿章的角度考虑，只要能在马嘉理一案中保住云南巡抚的性命，他也非常乐意按规矩为死去的英国官员付点偿命钱，但做出这个慷慨让步的同时他也谈妥了条件，让清政府得以大幅提升印度鸦片的税率并从外国进口货物上获得新的厘金收入。

中国人对于李鸿章外交政策的成功抱持什么样的态度，从沪粤两地商会对《烟台条约》的仇视就能得到充分体现。沪商代表们说："还是回归《天津条约》式的简单明了要好得多。现在这份条约里多了含糊其辞的成分。如果说连措辞相对简单的《天津条约》都争论不休了 20 年，恐怕都没人能活到把《烟台条约》里那些模棱两可的安排辨明的那一天了。"因此，作为英国政府政策错误和飘忽不定的结果，同时得益于李鸿章高超的外交手段，由英国领事官员在中国遇害而引发的这一系列谈判最终以中国削弱了《天津条约》赋予洋人的贸易权力并大幅增加关税收入而收尾。由于英国商人的强烈反对和批评，《烟台合约》直到九年之后才得以生效；但在拖延的过程中，中国没有任何损失，因为后续曾纪泽在伦敦和鹭宾·赫

△ 1896 年，英国，李鸿章与英国政治家威廉·格莱斯顿爵士（Sir William Gladstone）会晤。

德先生在北京的行动都聚焦在了增加税收这一关键问题上。1885 年 7 月，曾纪泽与英国外相沙里斯伯利签订《烟台条约续增专条》，以征税为目的在英殖民地香港建立了一个中国的"国中之国"，这让北京方面离垄断境内鸦片贸易的终极目标又近了一大步。

签署《烟台条约》之时，李鸿章在 1876 年 10 月 5 日呈皇帝的一份奏章中记录了自己的谈判结果和马嘉理案的处置方案。确保了对英国代表取得了明确胜利，也守住了满清官宦人格不可辱的底线，他便有了对未来做出慷慨承诺的资本。同时，他抓住机会向国人发出严厉警告。他在这份奏折中强调了严守条约的必要性，这与他 1867 年宣扬的观点高度一致。我们有理由把这些作为他真实想法的写照。马嘉理案之后，总理衙门迫于压力向各省当局发布了一份传阅文件，提示他们，按照条约规定，执护照旅行的洋人应当受到妥善保护。在这份奏折中李鸿章对这份文件是这么表述的：

> 应请旨饬下各省督抚臣，懔遵上年九月十一日谕旨，再行严饬所属，仰体国家敦睦友邦之意。嗣后遇各国执有护照之人往来内地，于条约应得事宜，务必照约相待，妥为保护。若不认真设法，致有侵陵伤害重情，即唯该省官吏是问。并于各府厅州县张贴告示，使之家喻户晓，洞悉中外交际情形，以后衅端自可不作。如蒙俞允，即由总理衙门拟定告示，咨行各省照办。

李鸿章十分清楚，清政府能在这件事情上逃过一劫，没有遭到报复和羞辱，完全是因为大英帝国当时在家门口还有更为紧迫的事情要应付；但他也清楚，如果久不履约、官方煽动的暴乱反复爆发，中国迟早会陷入自己无力抵抗的战争之中，有意交好的国家也都会敬而远之。他知道潜在困难和危险的来源远不止英、法。以他的远见，他察觉到了日本入侵的阴云，1870 年，尽管这片阴云只有巴掌大，但已经在地平线附近暗暗聚积迫近。在马嘉理案发生的当年，他正是求助于威妥玛爵士，在日本强势入侵台湾时花钱将其收买。他很清楚，日本人正磨刀霍霍想挑起争端，而俄国也因喀什噶尔的动乱起了觊觎之念。

1874 年中国支付给日本的赔款是用于支付其远征台湾的费用。用宓吉先生的话说："这是一笔彻底终结了中国命运的交易，这样的举动无异于宣告世界：这个大帝国有的是钱，赔款好商量，不打仗就行。"有眼能见、有耳能闻的人都能察觉到，这一事件是这个世界上最古老文明内生软弱性的确凿证明，此后中原王国上发生的一切不过是当时显露出的种种迹象的自然结果。但此后的十年对中国和李鸿章来说都是一段相对轻松的时间——是一个喘息之机，让这个国家学着正确认识自己的位置，也留出空间为即将到来的风暴做好准备。

与法国的关系

首轮风暴在 1884 年爆发，法国取道越南向中国两广边境进发成为风暴的导火索。法国这一铤而走险、野心勃勃的政策是想让中国在上述地区付出代价，以实现其缔造殖民主义帝国的美梦。毫无疑问，这一政策很大程度上是对 1870 年法国政府在天津教案中所遭受的屈辱以及李鸿章当时利用法国在普法战争失利的窘境迫使其接受议和条件，而发起的报复。19世纪 70 年代后期，法国远征军在越南地区长驱直入，清政府听之任之，没有采取任何保护宗属国的军事或者外交措施。随后，利维耶少校带领的远征军释放出了野心勃勃的危险信号，清政府驻法大使曾纪泽奉命通知法国政府：任何对越南山西省和北宁省的攻击都会被视为是宣战行为。1884年春天，这些城市被法国武力攻占。总理衙门不但拿不出任何积极有效的反击手段，反而因为担心法国可能进而攻打广州而惶惶终日。和往常一样，挽狂澜于既倒的任务又落在了李鸿章头上。

安邺远征之后，法国于 1874 年与越南国王签订了一份条约，并于次年五月就此事与清政府进行了沟通，没有受到任何阻挠就得到了恭亲王的正式认可。越南国王生性懦弱、目光短浅，甚至从来不认为有必要就缔约事宜与北京方面进行任何沟通。直到 1882 年，他终于想明白了昏君与暴君的优劣,决定向宗主国求助,抵御法国的侵犯。在 1874 年的这份条约中,法国政府在越南建立保护权的意图已是昭然若揭,中国人似乎才模糊意识到这些条款与维持他们自古以来拥有的、为越南进京朝贡使者们所认可的宗主国地位是相冲突的。然而,他们缺少面对这一确凿事实的战斗力和胆识,秉持着自古以来静观其变的原则任由事态发展,于是法国步步逼近,中国节节败退。直到 1882 年 4 月河内被攻占,才迫使他们最终拿出了一些行动。清政府派出驻扎中越边境的中国军队协助当地武装黑旗军,在东京地区[1]对法开展游击战,取得了一些成效。经历了随后的几场战役和漫长的谈判过程,双方终于在 1885 年 4 月签订了停战协定,这里不再赘述。学习中国历史的人可以从科迪埃所著的《中国关系史》(巴黎,1902)中找到相关情况的详实记载。

李鸿章在整个事件当中明显一直扮演着和事佬的角色。确实,在很多次外交冲突中,他都挺身而出反对总理衙门和京城主战派的政策措施,他在我方和敌方面前对驻法公使曾纪泽采取的强硬不妥协态度都一致表现出了明确的不认同。随着事态发展,双方都不得不承认,他的和平主义原则是富有远见和智慧的。假如总理衙门没有对他的政策横加阻挠,假如1884 年 5 月他与法国海军上校福禄诺签订的条约[2]能顺利生效,中国就能省下上亿两银子,法国也不用打这么一场赢得并不光彩的仗。

临近 1882 年末的时候,李鸿章在与法国公使宝海(M. Bourée)的交锋中取得了一次重要胜利,1882 年 12 月 20 日他在上海诱导宝海签订了《中法越事备忘录》,约定中国若从越南撤兵,法国则不侵占越南土地,不贬削越南国王治权。北圻一分为二,中法分巡红河南北。然而法国政府没有批准这一草约并召回了宝海,法国认为中国无权干涉越南事务,也拒绝承认中国对北圻的宗主国地位。李鸿章在这一事件上的外交胜利比他想象的还要有影响力,宝海可能已经猜到,这份协议必然会遭到恭亲王和京

---

[1]译者注:法属印度支那时代,“东京”常被西方人用来指代以河内为中心的越南北部地区。越南人称为“北圻”。
[2]译者注:即《中法会议简明条约》,又称《李福协定》。

△北洋水师致远舰部分官兵。大清帝国北洋水师"致远号"官兵合影，双手交叉者是管带邓世昌，右侧穿英国军服者是洋员琅威理。"致远号"是北洋舰队的主力战舰，是李鸿章从德国订购，黄海海战中全舰覆没，舰上官兵殉国。

城主战派"吠犬们"的反对，从而让李鸿章置于和他自己一样的两难境地。三个月后，李鸿章奉京命告知法国代表：中方绝不接受对藩属国事务置之不理的立场；越南国王派遣秘密使团刚刚抵京寻求保护；清军已奉命重新进驻北圻，而他本人也将作为清军总司令前往广州督办。于是，茹费理立即加强了法军在北圻的兵力部署，看似李鸿章不得不违背自己的意愿，放弃外交斡旋，诉诸军事行动。4月，法国议会通过了向北圻增拨 550 万法郎海军军费的议案；由驻日公使脱利古（M. Tricou）接替宝海赴京继任，奉命以"友善但非常坚定"的立场与中国政府继续谈判。

6月6日，脱利古抵沪，与前往广州督战途中的李鸿章会面。李鸿章竟然一时间拿出了对战的姿态，这与他此前宣扬的所有政策自相矛盾，选择这样做的动机也很耐人寻味。我们有充分的理由相信，李鸿章的南下之举只不过是虚张声势，为了让主战派的面子上过得去，也为了恫吓法国。不管怎么说，李鸿章的南行之旅止步于上海。脱利古在 7 月 20 日向法国政府的报告中写道："我方态度之坚定，足以让李鸿章在上海驻留一月，无法前往南方各省指挥作战。"脱利古建议法国政府在这个关键时刻积极采取行动，封锁越南海岸，增援东京。另一方面，身在巴黎的曾纪泽与京城主战派沆瀣一气，从一开始就竭尽所能破坏李鸿章的调停政策，他告知总理衙门：无论是法国议会还是媒体都不希望法国在远东地区陷入真正意义上的战争。李鸿章遭到了御史们犀利的言辞羞辱，他们激烈控诉他的叛国行为和懦弱态度，他在离津南下之前请求总理衙门将谈判一事全权交于曾纪泽。但到了 7 月，眼看法国的备战工作仍在继续，曾纪泽意识到了事态的严重，总理衙门以行动回应了这种担忧，迅速将李鸿章召回直隶。9 月，脱利古与李鸿章在天津再次会面，在随后的友好和谈中，李鸿章终于激起了一次报复心，怂恿脱利古向总理衙门抱怨曾纪泽的挑衅态度。10 月，法国封锁了越南海岸，进一步在东京地区加强了兵力部署，李鸿章不愿再过问此事，他公开谴责曾纪泽的态度，并向总理衙门请求不再参与后续的谈判进程。他向脱利古坦言："总理衙门还活在那些让他们身处险境的臆想世界里。"但与此同时，他还是大胆引入了美国和其他列强干预此事，以维护中国的权益。要他完全无动于衷是不可能的，但现阶段他满腔愤怒，急于在老佛爷面前给总理衙门和曾纪泽难堪，又想与法国公使的对抗中更胜一筹。

　　1883 年 11 月 16 日，总理衙门向法国公使和所有缔约列强代表们发出了一份公函，表明了清政府在越南问题上的立场。公函承认清军已在东京地区驻守，并表明了将对法军的任何进军行为采取武力反击的意图。这估计是李鸿章从中作梗的结果，因为曾纪泽此前在巴黎以官方立场反复宣称在东京地区无清军驻守。如此一来，曾纪泽出了洋相，总理衙门也不再替他说话，为李鸿章重新掌控全局肃清了道路。1884 年 3 月，山西、北宁失守让清政府陷入思考。4月，慈禧太后突然发布懿旨，将担任清廷议政王24年的恭亲王及其他军机处大臣全班罢免[1]。从那以后，李鸿章获得了无与伦比的影响力，在慈禧和七王爷醇亲王的庇护之下，他的主和政策开始占据上风，重整军事及水师的政策也开始付诸实践。他在这场拉锯战中最终获得了胜利，但他的对法求和政策直到一年后才真正显现出效果。在他的忠实亲信天津海关税务司古斯塔·德璀琳先生帮助下，恭亲王倒台后不到一个月，他就成功与法国海军上校福禄诺签订了议和条约。这位海军军官，巡洋舰"沃尔塔"号（Volta）舰长，此前已与李鸿章和德璀琳建立了友好关系，他突然被法国政府任命为全权代表，负责中法越南争端相关的所有谈判事宜，也凸显了一个李鸿章很清楚的事实：法国对于征战远东可能造成的损失确实感到了紧张。签订李福协定，李鸿章在慈禧太后的秘密应允之下，按照自己的想法行动，协定的条款实际相当于把东京地区割让给了法国，但同时也拒绝了法国所有赔款的诉求。双方对于这个结果都觉得松了口气：茹费理通过电报向李鸿章致以衷心祝贺，李鸿章也做了同样的友好回应。

但这还不是最终的结果。协定要求中方即刻从东京地区撤军。而协定签订后四天，总理衙门就宣称，除停战之外，其他事项并未明确议定，此举是出于善意还是恶意我们不得而知。5月7日，福禄诺上校与李鸿章进行了一次长谈，试图说服他遵照双方协定精神，明确清军从谅山及其他中方阵地撤军的具体日期。李鸿章当然愿意总揽全局，但要他说服中央政府向军事当局下达明确的撤军命令又另当别论了。按照福禄诺的理解，他和李鸿章在一份节略中就撤军日期达成了共识。根据节略约定，清军应于6月6日从谅山撤军。19日，法国军事当局奉命要求中方撤军，中方谅山驻军指挥官以并未接到总理衙门或李鸿章撤军命令为由拒绝接防。需要注意的是，总理衙门是绝不可能下达这样的命令的，因为他们根本不知道李鸿章与福禄诺关于撤军一事的交涉；而李鸿章自己则认为对谅山方面请求

---

[1] 译者注：即甲申易枢。

指示的急报不予回应是为上策。据宓吉先生所言，中堂大人希望，甚至暗示了，谅山当地的法军足以应付当时的局面，达到他们的目的，不需要他以官方身份再出面，这是一个非常典型的李鸿章式实用主义和外交政策的做法。但对双方来说不幸的是，法军派往谅山的兵力不足，被久经沙场的黑旗军击退，于是中法战火重燃，然而双方都无心恋战，交战持续到了1885年4月。

李鸿章责怪福禄诺方面的"误解"导致了两国重陷战事，而总理衙门则从法军此次及时的退败中受到了极大鼓励，决定继续派兵驻守谅山和老街两地，直至边境问题最终议定。在这个关键时刻，鹭宾·赫德爵士听从了李鸿章的谨慎建议，获授权前往上海，与法国新任驻华公使巴德诺重新展开谈判。这一举动暗含的意思是想让巴德诺与在上海的赫德和身处天津的李鸿章进行半官方的会谈，避免与总理衙门正面交锋，换句话说，就是想让事件陷入更大的混沌之中。但巴德诺才不会轻易上当。法国政府明确反对任何形式的正式宣战，这一政策被含糊表达为："继续努力确保两国不发生冲突。"尽管遭遇到了这些限制，巴德诺还是获得了许可，向清军发出了立即撤军的最后通牒。此前两天，总理衙门还向法国公使团慷慨表示，中方不要求赔款！其实双方都是在虚张声势。7月19日，两江总督奉命与（仍在上海的）法国公使进行谈判，北京总理衙门在法方通牒的撤军日期基础上获得了延期，这一安排是应了李鸿章的要求，为了争取时间将轮船招商局的全部船只出售给美国旗昌洋行并悬挂起星条旗。与此同时，鹭宾·赫德爵士居住伦敦的秘书[1]也在其电报指挥下，赴巴黎开展了半官方谈判。这一阶段李鸿章的行动略显尴尬，因为曾收复新疆的暴脾气老将左宗棠入京担任军机大臣，他恳请慈禧太后不要再听信调停的建议，积极主动迎战，将法军逐出西贡。

现在看来很清楚，除了武力措施，没有什么能让顽固不化的总理衙门官员们信服。于是法军进而炮轰福州，摧毁了多艘闽江清军战船，对台湾

[1]译者注：即金登干，中国近代海关税务司、中国海关驻伦敦办事处。

实行海上封锁。但在这一阶段李鸿章开始收获此前海战调停政策的果实。袭击福州之后，茹费理不允许海军上将孤拔攻打旅顺港，唯恐此举会让"我们的好朋友李鸿章"有失颜面。此时法国政府的态度开始犹豫不决，李鸿章巧妙地利用了这一点，因为他知道慈禧太后因为中法之战的沉重代价而不胜其苦，战事耗费之巨让她兜里的银子迅速缩水。但他选择了暂时按兵不动，把鹭宾·赫德爵士推到了前面，通过其在伦敦的秘书与巴黎的茹费理进行谈判。3月上旬，法国政府从鹭宾·赫德爵士那里欣闻他已获密旨授权前来议和，不必知会李鸿章或清廷其他驻外公使。赫德竟然要求，李鸿章不得知晓他的这一特殊任务。而三天后，李鸿章自己在天津正式告知法国领事，总理衙门已将谈判之事全权委托赫德！事实上，赫德与李鸿章自始至终都保持着密切沟通和一致共识，二人都坚信在谈判中放烟雾弹、牵扯多方参与是有好处的。这一次，运气站在了他们这一边。4月4日，金登干先生，鹭宾·赫德爵士在伦敦的秘书，代表清政府与法国外交部达成了《中法停战条件》[1]，约定在北京签署最终的条约，其条款将遵照1884年5月签订的李福协定并且总体上以该协定为基础。草约签订前一周，中法两国都得知，法军在谅山遭遇了一场惨败。茹费理自然而然认为中国不会再承认巴黎进行的一系列谈判，于是决定对议会闭口不提谈判和草约的事，他宁愿直面谅山战败带来的暴风雨般的谴责，选择了引咎辞职。

此时的李鸿章却是稳坐钓鱼台，不论是胜是败，他和慈禧太后都不希望这场战争再继续下去了。于是在6月9日，他在天津与从北京赶来的巴德诺签订了最终的和平条约[2]。条约承认了法国在东京地区的地位和法国的对越保护权，法国上议院对这一结果甚为满意。而对既未赔款也未割地的清政府来说，起码用一场胜仗结束了这场战争，皇族权贵的体面威望得以保全，所以对这一结果也表示出了同样的欢迎。于李鸿章而言，这充分证明了他的政策和耐性是正确的，中法双方终于到达了这样一个适宜的阶

[1] 译者注：即《中法新约》的草约。
[2] 译者注：即《中法新约》。

段，终于能够接受李鸿章早在一年前就凭一己之力确定下来的议和条款。结果皆大欢喜，于是他在 6 月 23 日写给法国外长法来西讷的一封私人信件中，对巴德诺和法国驻津领事林椿做出高度评价。下面摘录的片段就体现了典型的李鸿章式外交手法：

> 应本人之请，阁下已令林椿先生回国。本人提出此请时已经想到，若阁下向其询及当下议及各事，其结果于贵我双方皆为有益。为此深致谢意。贵领事定将向阁下详明阐释本人之愿望，即与法国建立亲密关系，并与阁下商讨贵我两国此后能够彼此提供互助之性质。

李鸿章重视与欧洲人建立私交，他这样做也有充分的理由；他常凭借自身的风度、亲和以及圆滑与欧洲的对手和朋友都保持着亲密的个人关系。在很多情况下，他都以不屈不挠的精神、勇气和智慧赢得了对手的尊敬和认同，这些为中国带来的价值比花银子建堡垒和军火库要大得多。正如我们所见，李鸿章与茹费理的关系便是如此；这一点在 1895 年他与伊藤博文的马关谈判中，体现得更为明显。李鸿章十分清楚个人倾向对于政治的价值，也知道如何利用那些因认同和尊重而与他建立私人关系的人们的善意。

然而在清廷，他通常需要面对和考量的是截然不同的人和思想，但他应对自如，鲜有失手。可以对比一下前文中引用的他致信法来西讷的内容和下面这篇从将条约正本呈送御览的奏折中摘录的片段：

> 今乘谅山大捷之后，皇威震慑，薄海同钦；法都既有悔祸之诚，中土亦可藉收戢兵之益。仰蒙皇太后、皇上坚持定见，杜要求之诡谋、扩怀柔之大度；诸王大臣和衷匡弼，实力赞襄。自本年正月迄今，往复辨析，煞费经营；遂得定艰危于俄顷、跻举世于平康，实天下臣民之福。

李鸿章在朝中和国中的威望，在 1884 年因主战派的抨击而一落千丈，在此次缔结和约之后又全盘收复了。10月，他以凯旋之势返京，得到醇亲王亲自接见，还数次秘密拜会慈禧太后。在这一系列会面之后，他主张增强军备的政策得到了皇帝的允准，这一政策意味着朝廷将拨付大量军费供他在总督之位支配，也就此开启了一段让他权力和威望达到仕途巅峰的辉煌时期。这一时期持续了长达十年，直至中日战争的阴云由地平线步步逼近并最终爆发，也将裱糊纸老虎的不堪一击暴露无遗。

与日本的关系

在外交生涯的早期，李鸿章就意识到，与日本使节打交道需要遵循的原则，与欧洲列强诸国截然不同。甚至早在 1874 年之前，他向来万无一失的政治直觉就让他看到了英法与日本之间的巨大差异：英法胜在军事实力，而日本则胜在民族性格和经济发展，这两者也成为日本必然扩张的基础和决定因素。1874 年，中国通过一个严肃事件第一次意识到了"大日本帝国"的国力崛起和蠢蠢欲动的侵略野心；这一年，日本借口琉球"牡丹社事件"[1]侵犯台湾，李鸿章选择了向日本赔款，花钱消灾，借此向世界隐瞒了大清国防无力的事实，他认为这是谨慎起见，也是可行之策。还是在这一年，他发现应付欧洲人常用的那一套迂回周旋的手段，对日本人没什么用，因为他们同样是精通东方式外交道法的高手。日本外务卿副岛种臣奉政府之命负责处理台湾问题，他礼貌却坚定地回绝了与李鸿章讨论相关事务，坚持要求与中央政府直接进行对话，随后赴京的日本使团甚至根本没有到天津拜会直隶总督李鸿章。与日本人打交道的第一个回合就让李鸿章丢尽了面子，也让他本能地对他们产生了厌恶和恐惧；这种感受足以让他在此后的几年里不懈鼓吹大清军力之强盛，对其施以恫吓，同时又在日本觊觎的区域向其他列强让渡既得利益，对其加以遏制。

---

[1]译者注：1871 年 12 月，60 多名琉球人乘船遭遇台风，漂流到台湾南部登陆，其中 54 人被台湾土著居民杀害，其他人被清政府送回国。

在李鸿章外交生涯的每一个阶段，我们都能找到证据证明他认识到一个事实：来自东方的威胁比来自西方的更为可怕，因为日本所有的利益和野心都集中在一点上，那就是以侵略中国为代价实现领土扩张，而欧洲列强则是各有所图。

1876年，关于此次扩张的必然发展方向首次出现了不祥之兆和明确迹象——这个方向是由日本的地理位置、其最为珍视的中世纪记忆[1]及其迅速膨胀的经济实力决定的。那一年，日本单独与朝鲜国王签订了通商条约，迈出了征服朝鲜这个中国最为重要的朝贡藩邦和战略要塞的第一步。麻木愚钝如清政府，也无法忽视这一步的重大意义：这是对天朝上国宗主地位的公然挑战。然而当时的上国之中却没有一个人能拿得出任何回击或防守的对策来应付这一状况。北京方面也普遍意识到了兵临城下的威胁，但当时还是观望政策占了上风，直到最后一根救命稻草李鸿章被搬了出来。他迅速建议，要遏制日本的野心，最好的办法就是将朝鲜向全世界开放。1882年，通过力促朝鲜国王与西方多国签订通商条约，这个目的得以实现。同年7月，朝鲜国王高宗的生父兴宣大院君组织了一场武装暴动[2]，导致日本驻朝公使馆被烧毁。清政府命李鸿章寻求避免危机的方法，于是他派出了他的忠实亲信马建忠，带领大批海军及陆军赶赴朝鲜。尽管日本急于在朝鲜宣示权力，但还没有准备好进行一场终极力量对决。马建忠的外交政策是一心求和，最终的结果是清政府捉拿了大院君押送天津，软禁于保定府。与此同时，朝鲜向日本派出了致歉使团并支付了赔款。下面的引文摘录自李鸿章1879年10月23日写给一位汉城府衙官员苏善的一封未计划公开发表的信，内容对于理解李鸿章的对日政策及其产生的动机很有价值。同时，这些文字也阐释了他对于日本人的真实感受：

　　　　承蒙赐告贵国政府与日本之关系。倭人性本倨傲自大，野心勃勃，狡诈万分，步步为营，贵国被迫视情应允其要求。睹此情状，深感阁

---

[1]译者注：日本进入封建时代，确立武士阶级和幕府政权。
[2]译者注：即壬午兵变。

下任重道艰。去岁会晤朝鲜使节团，余已阅尊函，蒙阁下反复示知，倭人求阁下转达其与我国保持良好关系之愿望，并言我们大可放心，其用心可昭日月。

愚见以为，邻邦关系自古易明：两国有隙，可由共同利益之纽带走到一起。若无互惠之基础，即无一致，互为敌国。明知倭人缺乏诚意，宜佯装不知。为自卫起见，避免争端，维护友好关系。为此予前信中奉劝阁下莫露疑心，恐其成为不利于阁下之借口。

李鸿章在信中提及，日本是迫于经济金融原因不得不寻求领土扩张来缓解压力，随后建议朝鲜在谨遵各项条约义务的同时秘密组织防御工事，他继续写道：

本国政坛首脑皆以为，此类事防胜于治。或言最易避祸之洪，莫过于关门静坐。误哉，我东方国家殊难办到。日本之扩张运动，非人力所能阻拦。贵国亦被迫与之互签通商条约，开新纪元之始。诸事表明，以毒攻毒，借力打力，方为我等最佳出路。阁下抓住所有机会与西国缔约，便能以其遏止日本。

西方通则，一国不得无故侵占别国领土，然则国际法之保护力，仅于共享商业利益之强国有效。去岁土耳其沦为俄国侵略之牺牲，土国将要屈从，英国召各国共商，俄国迅即撤军。若土国如同贵国坚执孤立，便将成俄国之食物。比利时与丹麦皆为欧洲小国，均已与各强国签约，因之无人敢于欺侮压迫。此即救弱阻强之妙计。

除了防范虎视眈眈的日本，还得留出一只眼睛盯住俄国，因此李鸿章建议朝鲜与自称"遥远之国，其目标唯与贵国贸易而已"的英、法、德、美签订通商条约，建立海关税则，对外派驻朝鲜公使。他在信的结尾写道：

西方国家利用我们之不幸，以武力强加其愿望于我们。其用于缔结条约的辩论乃武士。正如阁下所知，执行其条约已成无尽困难之源。贵国政府若主动实现其自由意愿，则西方列强在诉诸武力之前，定会万分吃惊，竟至难以苛求。循此办法，贵国便能不拾其提供保护之口实，坚持禁卖鸦片，禁止基督教传播，禁止各种腐败影响……阁下既已知晓敌人之力量，便可动用一切手段加以分化：谨慎前行，运用机智，则阁下将以善谋者闻名天下。

这是李鸿章在北京这个大舞台上惯用的策略。

在 1882 年的危机之后，日本对中国宗主国地位的威胁已为众所周知。李鸿章的女婿、他的肉中刺张佩纶在上书的一份奏折中敦促清政府采取攻防兼备的策略对付日本。李鸿章奉圣命跟进这些提议。他针对此事做出回复的奏折经常被外国作者引用来作为他意图攻击日本并对 1894 年的灾难性战败负有直接责任的证据。但事实上，如果结合他此前的外交策略和此后的行动来看，这篇奏折不过是坦白认知了日本的侵略野心，同时也坦率承认了中国的胜之无望。

在奏折开篇他就表达了他的观点与张佩纶"大致不谋而合"，即"为自强要图，宜先练水师、再图东征"。但他紧接着又提醒皇帝，日本"遣参事伊藤博文赴欧洲考究民政"，"西人亦乐其倾心亲附，每遇中、东交涉事件，往往意存祖护"。

因此他明智而谨慎地建议道：

> 然天下事，但论理势。今论理，则我直彼曲；论势，则我大彼小。中国若果精修武备，力图自强；彼西洋各国方有取悍而不敢发，而况在日本！所虑者，彼若豫知我有东征之计，君臣上下戮力齐心，联络西人讲求军政、广借洋债、多购船炮，与我争一旦之命；究非上策！夫未有谋人之具而先露谋人之形者，兵家所忌。
>
> …………
>
> 日本步趋西法，虽仅得形似，而所有船炮略足与我相敌。若必母里，

与角胜负，制其死命，臣未敢谓确有把握。第东征之事不必有，东征之志不可无，中国添练水师实不容一日稍缓。谕旨殷殷以通盘筹划责臣，窃谓此事规模较巨，必合枢臣、部臣、疆臣同心合谋，经营数年，方有成效。

···········

必联各省之心志，则不可无画一之规。倘蒙圣明毅然裁决，则中外诸臣乃有所受成，似非微臣一人所敢定议也。张佩纶谓中国措置洋务，患在谋不定而任不专，洵系确论。治军造船之说，既已询谋佥同，唯是购器专视乎财力，练兵莫急乎饷源。昔年户部指拨南北洋海防经费，每岁共四百万两，设令各省关措解无缺，则七八年来水师早已练成，铁舰尚可多购，无如指拨之时非尽有著之款，各省厘金八不敷解，均形竭蹶，闽粤等省复将厘全截留，虽经臣叠夹奏请严催，统计各省关所解南北洋防费约仅及原拨四分之一。岁款不敷，岂能购备大宗船械。

李鸿章在奏折的结尾写道"所有自强要图先练水师、再图东征缘由"，其实质就是"静观其变"的谨慎政策。

日本通过1882年与朝鲜国王签订的条约在该国获得了法定地位，此后这个"隐士之国"的历史就在朝、日、中轮番上演的阴谋和反阴谋的复杂缠斗中演进，充斥着无止境的相互交织的背叛、算计和掠夺。在拘禁了大院君之后，李鸿章委任他最精干的副官之一袁世凯为驻扎朝鲜总理，并配备了少量精兵作为支撑。与此同时，他垄断了朝鲜的电讯，并且在鹭宾·赫德的指导下了设立大清帝国海关税务朝鲜分部，以此强化中国的宗主国地位。但阴谋和躁动仍在汉城继续，直到1884年暗杀和暴乱再一次爆发，朝鲜和日本的谋反者攻击了皇宫，清军进行了防卫。暴徒烧毁了日本公使馆，日本公使和卫兵从汉城一路拼杀才逃到海边。

日本政府十分清楚，当时清政府忙着应付与法国在越南的战事，根本无暇顾及朝鲜方面的压力。从日本方面来看，根本没有展示武力的必要，以伊藤博文和井上馨深谙其道的高超外交手腕，就足以终结中国在朝鲜的宗主国地位，也足以终结袁世凯巩固宗主权的种种努力。于是，1885年3月伊藤伯爵率领使团入京。伊藤发现总理衙门还是一贯的难缠，得知天津谈判对象是李鸿章，简直喜出望外，而总理衙门也同样乐得脱手这桩麻烦事。李鸿章对于不可避免的结果，一如既往地保持着优雅恭顺的态度，但内心又有所保留。通过他与伊藤伯爵签署的条约，中国在朝鲜的宗主国地位沦为有名无实的鸡肋。李鸿章自己和一小部分其他中国官员已经开始意识到朝鲜半岛的重要战略地位，但总体来看，在当时还是与法国的激烈战事更为引人注目，而预示着日本这个远东岛国辉煌崛起的这份则并没有引起太多关注。对中国而言，这是清帝迈向败落不归路的第一步；对日本而言，则是帝国主义扩张征途的第一座里程碑。通过承认日本在朝鲜的共同治理权，李鸿章实质上是将这一军事要塞拱手让给了日本，也让日本自此在中国的对外政策中掌握了主导。而就总督大人而言，毫无疑问，他寄望于通过说服中央政府前方危机四伏采用缓兵之策，而在未来某个时间恢复在朝鲜的地位。他后续行动的方向自然是在他能力所及的范围内，通过组建水师和强化军事力量，同时做好外交方面准备，来防止日本巩固地位。不要忘了，此时的他实际是孤立无援的，而皇帝还一心指望他凭借一己之力研究出抵御海上入侵的卫国之法。而此时的李鸿章一方面要与法国周旋，另一方面刚通过签订《里瓦几亚条约》平复了与俄国的伊犁之争，日本的难题又接踵而来。在这种情况下，他只能采取拖延迂回的战术，对于这一点，前文引用的奏折片段可以充分说明。但最终，他所有的努力都付诸东流。他的一无所获，既是因为京城官僚们盲目自得的愚蠢，也是因为对手的智慧和强大。

于是，1885年在朝鲜埋下的这一颗纷争种子，在十年后演变成了席卷中国的灾难风暴。在后续处理朝鲜问题的过程中，李鸿章极力对当时微妙凶险的形势故作果敢。驻守朝鲜的袁世凯，证明了自己精通外交上的阴谋算计和虚张声势，成功维持了宗主权看似依然奏效如常的表象。但李鸿章和袁世凯从一开始就意识到了，在日本驻朝鲜代表的温和言语和阴险行动的背后隐藏着不可告人的目的。他们清楚中国的强国地位，可能她的存在本身，已经日益面临日本政治和军事力量的科学组织和崛起的威胁。熟悉情况的观察者经常这样评论：在处理与日本的关系方面，李鸿章极为少见地采取了一种恩威并济的态度，这一点也常常给欧洲外交界留下深刻印象。

在李鸿章与伊藤签订条约之后的数年，中国依然对已然有名无实的朝鲜宗主权死命抓住不放。1890年，朝鲜宫廷在迎接清帝从北京派来的使团时，按照自古沿袭下来的种种礼数摆足了排场。这一切不是因为李鸿章的草率行事，而是更多归咎于京城官员们无可救药的傲慢陈腐以及袁世凯偶尔的有失分寸，他在汉城朝廷获得了无可比拟的影响力，为人也随之日益傲慢乖张起来。不管怎么说，这样的行为激怒了日本政府，也激发了其发起终极反攻的欲望和备战行动。制造危机的原材料开始迅速累积，从形式上看，就是在数以千计的日本移民和殖民者中，每一个人都对朝鲜当局充满了抗议和不满。日本通过经济渗透为征服朝鲜铺平了道路，而在这一过程中，悲情的朝鲜人民沦为了替外族侵略者砍柴挑水的苦力。在这些人当中涌现出越来越多的反抗行动也就不足为怪了。在这样的经济渗透持续数年之后，朝鲜人民的生活已经陷入极端困苦的境地，终于在1894年爆发了起义（译者注：即朝鲜甲午农民战争），起义的原因并不是日本政府的直接煽动。如果有必要的话，我们可以肯定地说，日本官方特工或多或少地在朝鲜民众当中煽动了叛乱和暴动，就像他们过去十年不止一次在中国所做的那样。但从1885年到1894年期间，每一个远渡朝鲜的日本投机商人和急需土地的殖民者，究其实质都可以说是密探，东京政府就可以静待不可避免的危机最终爆发，并以此为契机推翻清政府苟延残喘的宗主权并取而代之。

当危机爆发，人们发现清政府像往常一样吵得不可开交，却全然判断不清问题的实质和对方军力的强弱。李鸿章像往常一样试图寻找解决难题的方法，既能对外保全清帝国的体面威望，又能避免严酷的战争裁决。作家和外交家们常以权威语气断称，李鸿章对1894年与日本的战争是欢迎的，如果不说是煽动的话。对于只看到表象的人来说，做出这样的判断不足为奇，毕竟在当时的清帝国，李鸿章是唯一一个愿意投入金钱和精力去仿效西法建水师、强军事的高官。同样地，人们也习惯于把他和持主战态度的总理衙门区分开来，与总督府走得很近的外国专家和顾问。不管怎么样，少数能够掌握一手消息了解真相的人，例如鹭宾·赫德爵士、古斯塔·德璀琳先生以及李鸿章的机要秘书毕德格先生，他们都知道尽管李鸿章不得不谨遵圣命，但依然会竭尽所能地压制总理衙门里那些冬烘老朽、不切实

△伊藤博文。

际的匹夫之勇，提出审慎警示的建议。笔者当时作为鹭宾·赫德爵士麾下的一名机要人员在工作过程中接触到大量文献资料，这些资料都可以作为李鸿章谨慎调停意愿的证据。从这些证据不难得出结论：战争是他最不愿意看到的结果，却被由日本掌控的时局力量和以年轻皇帝为首的主战派犯下的愚蠢错误强加在了他的身上。不幸的是，这些证据现在都不复存在了。在前文中我们也提到过，鹭宾·赫德爵士在北京获取的资料和古斯塔·德璀琳先生在天津的私人札记都在 1900 年的义和团暴动中被摧毁了；毕德格先生悉心保存的日记也在 1901 年于他去世当天神秘消失了。但抛开这些档案不谈，任何认真研究过李鸿章对日政策的记录和结果的人应该都会意识到，孤注一掷与日本这样一个在武备上千百倍于中国的强国开战，必然是有百害而无一利。

在这件事情上，英国人的观点跟在其他事情上一样，从来没有以一个外交官的标准公平对待过李鸿章。毫无疑问，主要原因还是他在朝鲜宗主权问题上为牵制日本被迫求助俄国，而在当时俄英两国的关系并不友好。自 1890 年起，英国外交官和英国商人们开始意识到李鸿章和他的忠实追随者盛宣怀，在华中地区义无反顾地支持法俄，丝毫没有顾忌中国在朝鲜及满洲地区的紧迫形势。英国外交官窦纳乐爵士对李鸿章的怀疑和厌恶也基本代表了在上海和香港的英国人的观点，由于俄国在 1898 年采取的进取政策，英国在铁路和银行方面的野心在租界之争中到达了顶峰，这种观点从某种程度上说是公正的但也是短视的。但英国公众的观点忽略了一个事实：那就是李鸿章在向俄国让渡利益的过程中遵循的还是他惯用的以夷制夷政策，单就他的对俄政策就对他进行谴责，而不考虑他对其他国家采取的政策，这是不公平的。因此，瓦伦丁·稽洛尔爵士[1] 在 1896 年从北京发送《泰晤士报》的稿件中写道：

很难把李鸿章急于避战求和的理论和中国实际采取的对日态度，

---

[1] 译注者：《泰晤士报》驻印度记者。

尤其是他派驻朝鲜的代表袁世凯的政策，统一起来。事实上，他组织武备的所有目的就是希望有朝一日能够严惩日本的那些新兴势力，他甚至无法掩饰他对日本的蔑视。尽管对于战事的准备不如日本来得成功，但也丝毫没有改变他们的精神和意图。在中国，所有人都坚信他的舰队和水师战无不胜，从他的角度能讲的是，他自己可能从来都没有意识到，贪婪和无知已经在他的直隶衙门像传染病一样蔓延开来，他的队伍除了能在他最钟爱指挥的宏大阅兵上装装样子之外一无是处。

范伦坦·吉尔乐爵士的观点代表了在这一时期整个英国公使团的看法；然而，考虑到李鸿章此前和此后的政策，我们有充分理由推断，他所有军备行动的目的都是为了守而不是为了攻，他自己非常清楚这支队伍与生俱来的弱点和造成这种弱点根深蒂固的原因。宓吉先生在回顾他整个政治生涯的时候是这样描述这个事件的：

> 李鸿章知道中因其武器粗劣、智慧不足、决策混沌已陷入无可救药的绝境；这样的海陆军力展示都是镜花水月，风雨一来立刻就会土崩瓦解。更重要的是，他也知道一旦清帝国继而与日本开战，那么所有重担都将落在他的头上。因此，对于任何可能成为战争托辞的措施他都极力反对。

然而，清政府还是朝着与李鸿章意见向左的方向，应朝鲜国王急求派出了一小支远征军。他的警告提示被朝廷驳回，李鸿章只能顺应大势，让手头可用的军队尽量发挥作用。在这个关键时刻，慈禧太后本有意支持李鸿章，但相较于国际局势，当时的国内政局更让她揪心，于是她决定让年轻的皇帝做主，而他的顾问们无一例外地都主张向"倭寇"宣战。而在当时，后党与帝党正为两派之间的明争暗斗严阵以待，这场斗争也在1898年的政变中达到了顶峰。李鸿章当然是慈禧太后的人，帝党们也因此在总理衙门和朝廷对他的建议嗤之以鼻，还控诉他懦弱卖国。于是李鸿章被迫打了一场他本来避之不及的惨烈败仗，当败局已定，对他唯一的安慰就是他预见到了这一切，并且慧眼独具地判断出了俄国的意图，将其作为防止日本再进犯任何中国大陆领土的最后一根稻草。

这场战争最终让中国沦为列强支配宰割的对象，后面我们还会从军事和水师的角度来深入探讨这场战争。而在这部分，我们只关注李鸿章的外交手法，李式外交尽管在当时因为战败而饱受抨击和诟病，但仍透露着令人敬佩的勇气和智慧。他的队伍在训练有素的敌人面前溃不成军，他这支被大肆吹嘘的舰队是在一名德国军官的引导下开赴黄海作战。所有看似威风凛凛的防御工事都土崩瓦解，中国的陆海两军均遭遇惨败；但他依然保持着不屈的意志，不灭的热情，他对于国际事务的洞见和认识依然清晰，使得中国暂时免遭战败的奇耻大辱和瓜分的悲惨境遇。很多年前他就预见到了俄日两国在朝鲜的对抗在所难免，通过他的建议，清政府从 1894 年起开始对俄国以礼相待。因为日本，他在战场上经历溃败的痛苦，在朝堂上遭受政敌的羞辱，无怪乎他愿意为了复仇向俄国付出几乎任何代价。此后他与俄国政府关系的发展绝不是一时冲动，而是出于精心谋划已久的防御方案。

很快，京城的中央政府以及世界上大多数国家都意识到了大清帝国崩塌之彻底并开始考虑崩塌的直接后果，于是李鸿章的政敌们迅速联合一致对他发起攻击。在御史安维峻的带领下，多名翰林联名向皇帝上奏长文，对总督大人进行激烈抨击并要求将其弹劾。在这篇奏折中，他被形容为"无能、跋扈、寡廉鲜耻的官员，其所作所为误国卖国，为民众所唾弃"。下面的引文可以用作御史对李鸿章恶语谩骂的例子：

> 另如众所周知，李鸿章将几百万两白银投于日本煤矿，其子李经方已在日本建成商馆三座，利令智昏，任日本人为所欲为，闻败则喜，闻胜则怒。

这些御史言官大声疾呼，要求常年把持军政大权的总督大人一人承担战败之责，连慈禧太后也无法对这种激烈呼声充耳不闻。1895 年 2 月，威海卫失陷宣告了甲午战争的实际终结。数月后，皇帝为了表达对清军战败的不悦，下令褫夺了李鸿章的黄马褂和其他荣誉象征；但并未免去他的职务，很显然慈禧太后并不打算弃李鸿章于不顾，任由政敌攻击。1894 年 11 月，10 月刚刚重掌总理衙门的恭亲王采纳了李鸿章的建议，派出德璀琳先生为代表前往东京和谈。派出一位级别相对较低的外国人而非钦差大使作为代表赴日交涉让李鸿章饱受批评，批评者认为此举是出于他对"倭人"的蔑视；而他行动的真实原因比人们普遍怀疑的要深远得多。事实上，派德璀琳赴日会商的想法发源于德国，李鸿章只不过是采纳了这个想法，因为他清晰地认识到可将此举作为联合德、法、俄剥夺日本胜利果实政策的第一步。这一动议最早是由巴兰德先生（Herr von Brandt）提出来的，他担任德国驻华公使 18 年之久，1883 年离开中国。这位有才干的外交官在驻京期间与李鸿章建立了亲密关系，这样的关系并没有因为他离开中国而变淡。李鸿章个人非常喜欢巴兰德，对他待人处事的丰富经验赏识有加。在处理伊犁争议时，巴兰德向中俄双方都提出了公正建议，以此赢得了总督大人的感激。他曾在圣彼得堡为德国政府效力多年，对俄国十分了解，因此他有充分的资格向李鸿章建议与俄国谈判最有效的途径。后来，他对俄国事务的了解使得他能够准确向德国政府解读日本在北京的政策，引导德国政府认同俄方的目的，同时为德国要密切留意谈判过程中的获益机会。

　　1894 年 9 月的黄海海战之后，清政府接受了李鸿章的建议，请求巴兰德以中方特使身份完成一项特殊使命：向列强诸国说明中方形势并恳求其进行干预。巴兰德慎重拒绝了这一委托，但自告奋勇表示可以在柏林担任清政府的秘密顾问和联络人。清政府接受了他的自荐，随后他以独具特色的活力和才干引导德国舆论支持中国反对日本。完成好这项任务需要为人圆滑，去扭转德皇恺撒和许多德国高官怀疑俄国、同情日本的观点；除此之外，还需要熟悉传媒界并具备相当程度的个人影响力。他撰写、编辑关于远东形势的文章在英、法广泛印制传播；他的宣传攻势逐渐说服了包括军火制造商克虏伯在内的德国商业巨头的主管们，让他们相信了支持日本的野心就是押错了宝。他采取的一系列行动让英国商界的观点产生了动摇，也让德、法联合起来支持俄国的政策，防止日本进一步进犯中国领土。

11月3日，日军进入满洲，威胁旅顺港，清政府向列强诸国请求支援，但列强建议中国首先努力与日本直接进行和谈。在这种建议之下，德璀琳东渡应运而生，而巴兰德当然也参与其中。派遣之前，李鸿章以个人名义向伊藤博文写了一封信，请求他与德璀琳见面会谈，在信中称"德璀琳会代为传达自己的日夜苦思"。读者可能注意到，李鸿章在李福协定事件中的外交手法更倾向间接而非直接，着重强调个人倾向的价值。但在当下，这个仓促成型任务的首要目标就是为总督大人和他背后的慈禧太后及主和派争取渡过危机的时间和渠道，他知道一旦旅顺港失守，危机就将在京城一触即发。作为圣旨钦定的德璀琳和皇帝之间的传话人，只要这个任务还在进行，李鸿章的位置就暂时安全；如果没有了这个任务，旅顺失守就极有可能让事业遭受突然的致命终结。德璀琳东渡首先是个避免危机的手段。

日本国内媒体论调高度一致，将此举形容为蓄谋已久的羞辱行动。德璀琳一行遭到了日本政府的粗鲁对待，德国国旗也并未得到多少尊重。李鸿章预料到了这一切，也正合他意。下一步的行动也是由总督大人发动的，就是让美国提出介入调停，在此基础上由美国驻华临时公使田夏礼说服恭亲王重启了德璀琳行动。这自然而然带来了德国对中国的支持，巴兰德先生也迅速对此加以利用。1月，经由美国的调停，第二批中国使团在张荫桓带领下前往东京。他们得到了外交部门的眷顾和美国驻中日两国公使的有力斡旋，而日本政府则以中方全权委任状的授权不充分为由拒绝谈判。上述一系列搁浅的谈判交涉加深了海外对中国的同情，也给俄国最终确定介入政策留出了时间。在德国确立的欧洲同盟从这阶段开始初具雏形。随后，克虏伯先生赠送给李鸿章一幅自画像以纪念此举。

1895年2月19日，李鸿章遵诏将天津直隶总督之位移交给了王文韶并请求入京面圣。皇帝以极为冷淡的态度接见了他，与此同时命各省首脑就议和问题上书陈言，大部分的复奏都倾向于在不割地的基础上与日本商定议和条件。此时，李鸿章亲自登场谈判的时机已经成熟。他从巴兰德处获悉，一旦日本向他提出任何割地要求，俄、德、法三国便会共同干预令其放弃。依照伊藤博文的建议，李鸿章被委任为全权公使赴日议和，1895年3月他离开中国启程前往日本——人生中第一次踏出了国门。当时的李鸿章已年逾古稀，身体每况愈下，但他仍然以不屈的勇气接受了这一劳而无功的任务。

纵观李鸿章的一生，从来没有任何一个时期像他在签订《马关条约》的谈判中那样，在敌我双方面前都展现出如此光辉的形象。3月24日，在与伊藤博文的第三次会谈结束之后，他遭一名日本狂热分子开枪行刺，面部中枪。其实伤情并不严重，但他却因此赢得了广泛的同情，换来了一份日本天皇的无条件休战决定。这位老人，危卧病榻仍顽强坚持谈判，以其儒家学者的绝佳传统风范向文明世界展现了极富修养的坚忍形象，为他赢得了普遍的崇敬。

对关注《马关条约》谈判进程的人而言，中国使团的处境往往极为屈辱，谈判的结果也十分惨痛。但如果换个角度来看，由于李鸿章明确了解了俄国干预的决心，似乎也为谈判过程增加了一些底气，李鸿章本人对此也颇为得意。在割地诉求上得到了保障之后，他议和缔约的目标就是停战和尽可能压低赔款数额。在这两点上他是成功的。4月18日，双方正式签订条约，在此之前李鸿章通过德璀琳和总理衙门得到了柏林方面的消息，确保俄国会实施有效干预。20日，李鸿章返回天津。

留给双方批准《马关条约》的时间只有21天。在第21天，两国在烟台交换了批准后的条约，但与此同时俄、德、法也就联合干预行动达成了最终共识。在几天时间里，日本命悬一线。俄国舰队在法国、德国先遣队的支持护卫之下，随时准备在渤海湾对日军进行攻击。如果当时这些列强决定按照最初的计划阻止条约得到批准，那么日本只能被迫迎战，任由其舰队和辽东半岛的驻军遭受俄国的肆意攻击。但英国仍然是一个危险的可疑因素，最终几个盟国的外交策略决定继续条约批准进程。一场新的危机得以避免。

清廷和总理衙门知道俄国的意图，于是命李鸿章签署了《马关条约》。

然而，签约后重回直隶也意味着各方对李鸿章激烈唾骂的爆发。对国际局势一无所知的封疆大吏们痛斥条约割地丧权，声讨李鸿章贪腐卖国。唯有慈禧太后一如既往的支持庇护才让他在谴责者一片开刀问斩声中免于一死。恭亲王也对李鸿章出手相救，他从帝党的朝中阴谋里敏锐察觉到了反慈禧、反满贵运动的端倪，这一运动也在三年后达到了顶峰。两江总督和其他一些李鸿章批评者的奏折都被"留中不发"；被剥夺了种种荣誉和头衔的李鸿章于 1895 年 8 月应诏入京，以大学士身份处理《中日通商行船条约》相关的具体事务——这又是一项费力不讨好的任务。从这一时期起，俄国公使卡西尼伯爵开始与李鸿章和慈禧的大太监李莲英建立起频繁但隐秘的联系，维新派总是将其斥为一种贪腐的关系，其实却是李鸿章在洞悉了当时政治局势后的必然结果。

1895 年 5 月 8 日，《马关条约》在烟台获得了批准。在此之前三天，日本政府在俄、德、法的共同施压下被迫同意在增加赔款的条件下将南满（即奉天）归还中国。10 月 16 日，清政府委任李鸿章为全权大臣，与日本新任驻华公使林董男爵就还辽问题在北京进行谈判。在这些天里，日本迫于列强的武力威胁稍作退让，这一定让李鸿章感觉喜忧参半，然而他对林董男爵的态度更像是一个谦恭有礼惺惺相惜的旁观者，而不像一个捍卫公义寻求报复的谈判者。

尽管李鸿章取得了外交上的胜利，但他的朝中政敌仍不遗余力地要将他彻底清除出公众视线。皇帝的老师翁同龢，这位诚实爱国的官员站在了他这一边；在他缔约结束后从日本回国，皇帝迎接他的态度几乎可以说是粗鲁，让年迈的老总督跪行至跟前。俄国公使建议，首要任务是把他从更进一步的谋算危险中解救出来。经慈禧太后允准，计划由李鸿章以大清帝国首辅身份赴莫斯科出席沙皇尼古拉斯二世的加冕典礼。总理衙门原定由职位相对较低的王文韶执行这一任务，任命他的唯一理由就是他曾在 1894 年代表清政府赴俄国就亚历山大三世的去世转达哀悼。但卡西尼伯爵几乎不费力气就说服了总理衙门，如果清政府不便派出一位亲王前往莫斯科，为了保全"面子"至少应该也安排一位总督级别的人士出席，那谁能比李鸿章更合适呢？于是黄马褂、顶戴花翎、紫缰这些荣宠象征再次出现在了这位大人物身上；英、法、德、美四国分派海关官员为他在本国担任向导；天津议政处为他举办了盛大的欢送宴会。1896年3月28日，李鸿章率领一众随从，带着一口豪华棺材，启程去亲眼见识外夷的世界。他以慈禧一般的高涨热情和矍铄精力，如释重负，全然忘记了自己已年逾古稀，以学童般的热切渴望踏上了无限风光的环球之旅。

自此以后，他的对日外交政策一直因为欠了俄国的人情而受其牵制支配。在他的助推之下，俄国将不可避免地站在仲裁者的位置上决定朝鲜的命运，从而也站在了日本的对立面。他虽然预见到了这一切，却没能活到那个时候。他知道一旦中国战败，俄国便会立刻为此前提供的帮助索取代价，他也准备好了付出这样的代价。在出发前往莫斯科之前，卡西尼伯爵与李鸿章曾有过数次秘密长谈，卡西尼毫不费力就说服了他：如果想阻止日本进一步攻打满洲，就必须要在该地区给予俄国一个坚强据点和战略优势。俄国不失时机为这一切做了铺垫：1895年12月，通过合办华俄道胜银行让双方新的共识得以巩固，通过修建东西伯利亚铁路为俄国的"和平渗透"政策铺平了道路。加冕典礼结束后，李鸿章与罗拔诺夫亲王在圣彼得堡达成了"互惠"协定，于日本而言，李鸿章这一招是破釜沉舟。在与年轻沙皇的私人会面中，沙皇的性格给李鸿章留下了很深的印象，他向李鸿章一再保证俄国对中国的领土并无图谋，保护朝鲜对抗日本的目的仅仅是出于自卫。

我们知道此前李鸿章对俄国在伊犁争端中表现出的勃勃野心一直冷嘲热讽，所以他对俄国的承诺是否真的深信不疑就得打个问号了；然而，可以确定的是，一回到北京他就说服慈禧太后接受了这些承诺，并且从此依赖于俄国善意无私的友谊。在1900年义和团运动爆发之后，她在种种事件中都充分利用了这种友谊，替她挽回体面威望，也随之保全了她数位亲信的性命，因此从满贵的角度来看，李鸿章的政策是正确的。就他本人和他的外交政策而言，在1897年冬天俄国占领旅顺港之后，他与外部世界的关系就大幅简化了，即允许俄国在北京一家独大，以此阻止其他列强在

"东亚病夫"之国为所欲为。1901 年在他辞世之前，他意识到不管做明君还是做暴君似乎都必须扮演一个严酷监工的角色，俄国友好合作的代价开始以破坏性的速度累加；但可以肯定地说，他绝没有料到，清政府统治者的愚昧无能会将中国带入如此境地，这种情况在过去几年已经逐步恶化；他也没有料到日俄之间的有效共识会导致中国陷入列强的瓜分掠夺。李鸿章去世后，中国的运势开始急转直下，这便是其远见卓识的最好证明。慈禧死后，一群冥顽不灵的官僚操持着国事，他们为日本提供了外交机遇，这些在李鸿章支持外交的时候是绝不可能发生的。

1897 年，日本眼睁睁看着她的头等战利品旅顺港经由清政府的许可交到了俄国手中；从那天开始，日本全国上下便开始准备接下来必然发生的生死之战。李鸿章很快就在朝中察觉到了日本通过光绪皇帝年轻的改革派谋士们施加影响的证据。俄国不可能和维新派站在一边；正如 1898 年的诏书所言，维新派的改革计划一旦付诸实施，必然会严重影响俄国的既定意图。尽管出自不同原因，慈禧太后和她的满贵亲信保持着同样的想法，而李鸿章作为一个伟大的改革派，却发现自己不可避免地加入了反动派的队伍。他在联俄抵日过程中所做的承诺迫使他逐步转变了国内政策，直接导致了义和团运动爆发，引发了广泛不满，也成为反帝革命运动的开端。他以比他同时代官员深远得多的目光，在对日战争前后的外交政策是一种审慎又睿智的本能选择；但再怎么聪明绝顶的人也无法完全预见其行动可能产生的深远影响，以及决定国内运动和国际关系的种种复杂成因。

第五章

外交风云——与俄国的关系、周游列国、庚子议和

从更宏观的角度来看李鸿章对俄国的外交关系，尤其是与他对日本的态度相比，会得出这样的印象：他对日本的谈判对手及其背后的军事力量始终有所忌惮，但在与俄国代表打交道时就没有这种不安的感觉。在他政治生涯的早期，太平天国运动接近尾声时，他就已经察觉到俄国绝对不可能放弃追寻她的"穆拉维约夫之梦"[1]。为了在太平洋地区寻找一个不冻港，她的"东进"战略从 1885 年开始成为一个不得不顾忌的危险。李鸿章当时虽然意识到了这一危险，但他似乎感觉到，俄国作为欧洲列强之一的威胁不如日本的侵略来得强势和紧迫。此外，李鸿章的政策似乎常常受到他个人对俄国印象的影响，他赞同俄国人的秉性和文化，认可他们随和的半亚洲式宿命论及兼顾独裁专制和社会民主的政治体系。他敬佩沙皇征服广阔疆土，不间断维持独裁，及其政府对中国"愚民"亲和又藐视的态度。从政治角度来讲，在海外蛮夷带着他们的军队进入北京之前的近

---

[1] 译者注：1858 年 5 月 28 日，穆拉维约夫趁中国清朝政府陷入太平天国运动和第二次鸦片战争而无暇北顾之机，成功迫使黑龙江将军奕山同其签订了《瑷珲条约》。

两百年，俄国长期在京派驻使团，并对中国表示了应有的尊重，双方一直相安无事。这一事实可能让清政府和朝内高官们在中俄关系上始终觉得安心。

排除感性的理解，我们已经有机会看到，李鸿章在外交政策上对人的关注始终大于对方式。毫无疑问，1895年之后他对待俄国的态度很大程度上受到了沙皇、卡西尼伯爵、维特伯爵等人强烈的、他深表认同的性格的影响。在他接触的所有日本外交家里，似乎只有伊藤博文在他看来像是个有血有肉的人，而不是千篇一律鼓吹着让人倒胃口的观点的机器。日本使节的典型特征是冷血般的礼貌，这让李鸿章擅长的亲切拉拢方法没了用武之地，也无法像对待俄国人和盎格鲁—撒克逊人时那样热络，有时甚至热络得略显粗鲁。

李鸿章第一次接触俄国外交界是在1862年，当时俄国驻京公使团的一位秘书佩奇洛夫奉命同他和其他一些中国官员交涉俄国与英法联合军力镇压太平天国的相关建议。在李鸿章看来,应付华德和白齐文手下号称"常胜军"的外国雇佣兵已经够麻烦的了，自然不愿意看到辖内再多出一支半独立的军事力量。然而，交涉最终暴露出俄国政府当时的主要目的是想通过及时表达关切和承诺帮助好在清政府那里显得有"面子"，然而事实上俄国根本无兵可派，也从未实际派兵。一批枪械和军火途径蒙古运到了北京，但军营里的消息灵通人士有充分理由怀疑这些军火到底是不是用来对付太平天国的。两年前额尔金勋爵和葛罗男爵叩击北京大门的时候，伊格纳季耶夫将军扮演的角色证明联军的不安和怀疑不无道理；更重要的是，恭亲王表露过一个事实:有人曾劝他把滨海边疆区和符拉迪沃斯托克港（海参崴）赠予这位英勇的俄国将军作为礼物，鉴于他（自己声称）成功"说服"英法代表在条约签字后从北京撤军。俄国人在那个历史事件中展现出了李鸿章会自然钦佩的那种圆滑，尤其因为在此次事件中他本人并不是最大的受害者。事实上，俄国总体的政策是静观其变；其统治者日益预见到中国的必要性，她也一直在进行种种秘密筹备等待机会来临；她以和平的几乎仁慈的方式吞并了中国疏于管治的西北地区；一旦出现任何严重的困

△奕䜣。

境她都随时准备抽身离去；最重要的是，她充分考虑到了中国的"面子"，尽可能减少对中国威望的折损——所有这些因素叠加起来都让李鸿章敬佩俄国人的行事方法，尽管他也对他们的动机有所怀疑。以李鸿章的性格可能会对突献殷勤的敌人有所提防，但他更不喜欢连故作慷慨的表面功夫都不愿意做的蛮夷。

此后一次俄国推进其和平渗透目标的机会发生在喀什噶尔，由于清政府在当地疏于管理而让阿古柏的反叛取得成功。许多年来，俄国一直缓慢但坚决地通过中亚浩罕国向伊犁峡谷方向推行东进。1851 年，科瓦勒斯基上校签订了"通商条约"，允许俄国在伊犁地区设立领事馆并建立殖民地。1863 年，东干部落起义，将大部分喀什噶尔领土上的清政府主权代表驱逐出境。随后，阿古柏领导的叛乱规模日益扩大。喀什噶尔、叶尔羌、和阗、色勒库尔，一个一个重镇落入他手，一时间看似一个新的大帝国注定要从中亚部落混乱冲突中诞生崛起。在这段时间，阿古柏是个不容忽视的人物。英国曾在 1870 年和 1873 年先后两次派特使赴其位于叶尔羌的朝廷，俄国也在 1872 年通过与阿古柏签订通商条约承认了其政权。与此同时，沙皇的势力则以恢复满族皇帝乾隆曾用武力征服而今却在不争气的后人手里不断流失的所谓"伟大遗产"继承权为由开始步步为营稳步拓张。1865 年，俄国在占领塔什干之后，创建了突厥斯坦总督区。最终在 1871 年，俄国派兵占领了伊犁，理由是喀什噶尔地区的无政府状态已经严重威胁到了俄国利益。对于北京的清政府而言，伊犁早在 1866 年的暴乱中就丢了，清政府当时似乎也无兵力可调遣去恢复对回疆暴乱的管治。鉴于当时的情况，俄国驻华公使倭良嘎哩告知总理衙门，一旦吉尔吉斯地区的部落争斗得以平复、疆界划定之后，就将伊犁归还中国。但俄国继续合理侵占伊犁的如意算盘却因为左宗棠的胜利而意外受挫。1877 年，左宗棠终结了阿古柏的叛乱，收复了突厥斯坦八城，其军队所到之处留下满目疮痍。到了俄国履行承诺的时候，她却找了一堆貌似合理的借口刻意拖延从伊犁撤兵，还提出了一些细枝末节的问题让事情复杂化。

于是清政府派恭亲王的亲信崇厚赴俄国解决此事；1878 年 12 月，崇厚到达圣彼得堡。他是一个性格随和的中国官员，对于双方争议的问题并无任何特殊的认知，他同意赔偿俄国兵费和"补偿"俄民共 500 万卢布，并同意开辟一条新的俄国砖茶贸易商队路线。最后，他违背了总理衙门的指示，擅自同意酌改两国边界，造成俄国依然占据该省 7/10 的领土，包括其最重要的战略据点和乾隆那条著名的通往木扎尔特关的军事道路。崇厚因为对喀什噶尔地理环境的一无所知和思乡之苦而饱受折磨；他唯一的想法就是能尽快回到中国。因此，1879 年 10 月，他与沙皇在其住地里瓦几亚签订了《里瓦几亚条约》便立即打道回府。匆忙之中，他把打了胜仗之后本应向俄国诉求的权力都让给了俄国。1880 年 1 月，崇厚返京，被革职移交刑部并判以死刑。事情发展到这一步，李鸿章的作用就显得尤为重要了。

前文中也提到，崇厚是恭亲王的亲信，而恭亲王与李鸿章作为洋务派代表，正致力于遏制以醇亲王（幼帝生父）和左宗棠为首的排外反洋、盲目爱国的保守派。在英国公使威妥玛爵士带领下，外交团向总理衙门提出抗议，声称以文明世界的观点来看，处决这位外交使节有损中国政府的形象。但保守派借由总督张之洞之口敦促政府处死崇厚，理由是"我方愚使遭俄人欺哄，俄人所付之每一铜板，都将以百倍之利收回"。笔者得以查阅张之洞的相关奏折，并摘录了其中的内容。整篇文章清晰展现了张之洞的政治智慧以及他与李鸿章成为一生宿敌的原因。他在奏折中主张与俄国血战到底，他这样写道：

> 命左宗棠、金顺选拔籍隶东三省知兵之将官数人，东来听用。召集索纶赫津打牲人众，教练成军。其人素性雄勇，习与俄斗，定能制胜。即小有挫败，坚守数月，必解而去。
>
> 天津一路，迫近神京，然俄国兵船扼于英法公例，向不能出地中海，即强以商船载兵而来，亦非若西洋有铁甲等船者比。李鸿章高勋重寄，岁靡数百万金钱以制机器而养淮军，正为今日。若并不能一战，安用重臣？

张之洞的观点得到御史们几乎一致的应声附和，他们指责李鸿章的慷慨让步政策是故意为之、贪腐卖国。有一段时间，李鸿章的处境虽然算不上危险但极为不利；但此次事件和很多其他事件一样，证明了他是京城唯一有头脑洞悉国际局势之紧迫并对其加以利用为中国获利的人。他知道，并且充分利用了这种认知：尽管出发点大相径庭，但英法两国都急于阻止俄国在远东开展军事冒险政策。他也知道，圣彼得堡的主战派很难轻易说服俄国政府在亚洲开展军事活动，尽管它有能力在中国海域展示其海军的威武实力。因此，他对于"吠犬"之声不予理会，他继续执行着他透彻理解的那种外交政策，最终据理力争使得崇厚获缓刑，让那些京城的对手遭遇完败，并且对《里瓦几亚条约》进行了令人满意的修订。像往常一样，他几乎又是凭借一己之力取得了这些成就，因为他能够说服消息闭塞但头脑精明的慈禧太后相信，主战派提倡的道路只会带来灾难。（这里我们可能有点跑题，毫无疑问，若不是当时日本在开战一事上心意已决，他在1894年提出的几乎同样的政策也将取得同样的成功。）

李鸿章一方面诱导着俄国同意对《里瓦几亚条约》进行修订，另一方面安抚着总理衙门，他必须不偏不倚地对双方好言相劝同时又施以压力。法国、英国公使也同意督促总理衙门赦免崇厚死罪；因此，曾纪泽在圣彼得堡获授权告知俄国政府，此事已妥善解决。李鸿章急于终结此事，便以个人名义向曾纪泽发电，建议他在条约修订时不要为琐事讨价还价；他虽然知道却忽略了一个事实：兵部尚书正在从京城向曾纪泽发送着意思截然相反的电文。俄国政府因总理衙门在处置崇厚一事上的让步而得到了安抚和满足，同意开展进一步谈判。东西伯利亚总督郑重宣告，如无重兵增援，他在对战中将无力抵抗左宗棠的军队，这让谈判的时机更为成熟。

李鸿章犹记得戈登对中国军事的独到见解和享誉世界的崇高威望，于是产生了一个想法：邀请这位著名的侠义之士速到北京，就对俄是和是战问题向清政府提出建议，并委托鹭宾·赫德爵士秘密付诸实施。当时的戈登事务缠身，正忙于向印度和桑吉巴尔威胁作战；尽管如此，他还是一得到消息就立即启程前往中国，并且在到达前就为如何处理这一问题做好了打算。在他到达上海之前，北京和全世界都知道他会建议清政府不惜一切代价议和，也知道他认定李鸿章的所谓现代军备不过是浪费银子而已。总理衙门被李鸿章误导，满以为戈登将率领满族军队击败俄军；因此当他们从上海媒体公布的消息中得知戈登的真实想法时大为懊丧。他的建议随即被摒弃，鹭宾·赫德爵士向他发电报请求他切勿进京，但他没有过多在意。他最终还是去了北京，马不停蹄地与李鸿章、恭亲王和其他一些大臣会面商议，随后直接返回了英国。他提出的建议尽管不合主战派的心意，但无疑也对他们产生了影响，弱化了他们好战的态度；与此同时，也提供给主战派一个对抗李鸿章的新武器：因为戈登宣称李鸿章的西式军队和舰队根本无力拯救中国免遭战败之辱。但李鸿章也达到了自己的目的，对此避而不谈。中俄双方就《里瓦几亚条约》重启谈判，曾纪泽在圣彼得堡的谈判中增加了一些新的条款，结果是俄国归还了大部分的争议领土，为中国挽回了一些颜面。根据1881年2月12日的签订《中俄改订伊犁条约》，特克斯河谷地区和木扎尔特关口仍归中国所有，双方在谈判中对于俄国继续占领部分战略要地都没有过分强调。从外交角度来讲，中国赢得了巨大成功，李鸿章也因为平复了这一争端而为自己的顶戴再添新花翎。

尽管如此，主战派依然不肯罢休，修订后的条约条款一点也没有让主战派的领导人高兴起来。当时，他们被迫接受了慈禧太后允准的解决方案，但左宗棠追随者中激进分子的不满早已不是秘密。这位猛将1881年2月底回京后，便立即用和20年后义和团领袖们极为相似的主旨和措辞，向总理衙门表达了对新条约的谴责。他毫不掩饰对李鸿章接受西方思想、崇尚和解政策的蔑视；他坚信中国凭借人数优势，足以以多胜少击败俄国或其他任何欧洲国家。他称修订条约是懦弱之举，并向皇帝建议"夷人实为清帝大患，应一劳永逸除之而后快"。中国官员的思想深受这种盲目无知和民族自豪感的影响，此后20年的历史用一系列灾难和耻辱证明了这一点，而这些灾难和耻辱最终也让清帝国在1901年走向衰亡。李鸿章终其一生都在与这种无知和傲慢抗争。但成功处理伊犁事件为他赢得了慈禧太

△义和团运动时期的俄国士兵。

后的支持,自此之后,她便不再听信左宗棠对李鸿章的谴责。1881年11月,李鸿章先是将宿敌刘坤一从两江总督的位子上拉下马,又将左宗棠委此重任借机与其握手言和,对他而言此举可谓一箭双雕。

　　在伊犁事件结束十年后,俄国皇储尼古拉在航行印度、中国和日本之后,开始在符拉迪沃斯托克动工修建穿越西伯利亚的铁路。而中国朝廷当时仍然沉溺在盲目自大的优越感中,认为不宜邀请他到北京,湖广总督张之洞对待俄国未来沙皇的粗暴无礼便充分展现了这种典型的愚蠢。但是,俄国并未因此公开表露怨恨,未向北京方面提出抗议,也并未将皇储在中日两国受到的区别待遇刻意进行比较。西伯利亚大铁路的建成很快就会将满洲里暴露于俄国的掌控之下,对于任何耳聪目明的政府来说，这都是一个警示的前兆，即便是俄国此前温顺地接受了清政府的漠然拒绝和粗鲁对待，然而总理衙门似乎对此视而不见听而不闻。对李鸿章而言，日本在朝鲜推进政策对他防线虚无的国家造成的威胁似乎比其他任何危险都要更紧迫一些，从一开始他就认为——或者说声称自己认为——俄国的"和平渗透"是一种保护性而非破坏性的力量。然而从俄国的角度来讲，她不希望看到中国政府变得高效而开明，中国外强中干的状态持续时间越长，俄国就越容易有机会在未来将满洲、蒙古和西北诸省划归到沙皇的大亚洲统治版图中去，只要任由事态发展便能达到目的。

五年前，沙皇尼古拉二世在符拉迪沃斯托克举行了加冕仪式，当时中国刚刚遭遇了惨败日本的奇耻大辱。自此之后，俄国开始兵不血刃地收获其富有远见和耐心的治国才能带来的第一批成果。日本陆海军力量的增长对这种治国之道的发展提出了新的严峻挑战，俄国的外交斡旋虽然未能阻止日本对中国发动战争，却最终为她夺取了胜利果实，她用联俄抵日这笔人情债极大牵制了中国，尤其是李鸿章。俄国坚持要求向中国提供贷款已支付对日本的赔款，并以此和通过其他方式在北京方面获得了压倒性的优势地位。尽管在外交上没有得到承认，俄国在《马关条约》签署后不到一年就已经掌握了满洲里的实际控制权，而后又在这片富庶之地上进一步推行"和平渗透"，通过控制铁路、银行，订立贸易公约，获取矿业和伐木业特许权及其他一些手段继续巩固其统治地位。这些手段都与李鸿章有着直接或间接的关系。作为俄国"保护式友谊"的代价，中国同意将东西伯利亚铁路的终点站延伸至辽东海岸，这只是李鸿章1896年在莫斯科被迫做出的慷慨让步之一。1898年，旅顺港和大连湾升起了俄国国旗，而这也仅仅是那种让步的必然结果，也是中国为表达谢意需要支付的分期付款中的一笔。在1898至1899年列强为特许权争得头破血流的那段时间里，英国的远东外交政策漫不经心地、断断续续地对抗着法、俄两国对中国主权"轧路机"式的进犯。这种不平衡的对抗状态一直持续到了1900年义和团运动爆发，为俄国创造了她一直以来等待的机会，为她武力侵占满洲各省提供了必要前提。随后在1902

年 1 月诞生的英、日同盟也在此投下了阴影，预示着列强必将围绕这片富饶的兵家必争之地的控制权展开一场大战。

我们有理由推断——事实上也有证据证明——在李鸿章 1901 年 11 月 7 日辞世之前，在《辛丑条约》和庚子赔款的和谈过程中，李鸿章已经开始意识到，中国为俄国所谓的"友谊"在此前所付出的和此后还将继续付出的代价，几乎已经等同于日本战胜后向中国索要的利益。在那本伪造的"回忆录"中有一篇文章，据说是总督大人从马关返京后写下的，也很有可能体现了李鸿章在弥留之际的观点：

> 俄国今为最大之友，又为最可怕之敌。其之为友，乃因英法国亦以友好作态，望其友好更在英法之上。它之为最大之敌，乃因俄人称其如此命运使然。俄国控制北亚全体，又欲某日占优势于中国。其助我拒日本于门外，乃因其欲自进。

这些观点看似浅显，其实大部分中国式治国理论的思想内核都很浅显。而如何运用这些理论才是其真正的精妙之处。

李鸿章曾先后在北京与卡西尼伯爵、在莫斯科与维特伯爵进行过谈判，也为俄国在中国形成压倒性的影响打开了一扇门。国内外的敌人都断定他和大太监李莲英从这些谈判中获得了相当可观的经济利益。他二人所拥有的巨大财富以及毫不掩饰的贪婪，足以证明这些指控并非欲加之罪。然而，他与卡西尼爵士和其他俄国特工的交往甚密无论是出于爱国之心还是一己私利，俄国在满洲里逐渐占据的地位最终必然会让他反思："与恶人交往，须特别提防。"

从李鸿章 1896 年出访回国后呈给皇帝的奏折内容来判断，他当时深信维特伯爵所言，认为俄国将西伯利亚铁路延伸至中国领土本质上是出于政治目的和为了真诚维护中国的主权完整。此后，双方实际上形成了一种秘密的联盟关系，俄国保护中国的主权独立和领土完整，而中国则通过允许俄国将铁路延伸至满洲作为补偿。李鸿章确实强调过延伸铁路的潜在危险；他努力说服维特伯爵允许中国用自己的钱来建造这些铁路。但在这一点上，俄国财政大臣的立场极为强硬。声称"不建铁路不结盟"。随后，便是"沙皇"令人难忘的接见，他敦促李鸿章把所有不必要的怀疑都抛在脑后：将修建铁路的特许权给一家中俄合建的银行，中国的利益完全可以得到保障，这能有什么害处？在经历了漫长的宴请和会见后，双方达成了满洲铁路协定，并由李鸿章和罗拔诺夫签订了《中俄密约》。卡西尼伯爵与李鸿章的朝中好友一直保持着密切的联系，多亏了他的说服力，《中俄密约》在 9 月 30 日，也就是李鸿章返回天津的 3 天前得到了中国政府的批准。此举遭到了总理衙门数名成员的强烈反对，但在慈禧太后的懿旨圣命下得以平息。广州维新派常断言大太监李莲英与慈禧太后秘密瓜分了俄国公使为此事所花的一大笔银子。

1897 年之后，沙皇在远东地区代表的态度和行为所传递出的信息，与李鸿章在 1896 年与沙皇的几次私人会面中拼凑出的印象大相径庭，当时沙皇凭借他"精致的尊重"和对中国未来福祉的真挚关怀让李鸿章彻底折服。就像李鸿章随后向慈禧太后汇报的那样，毫无疑问，除了这些，总督大人也表达了一种担心：这些热切而又野心勃勃的俄国特使们未见得真的那么关心中国的利益；然而木已成舟，既然已经选择了联俄抵日，不管这份援助的代价是多大，也只能照单全收。况且李鸿章始终笃信以夷制夷的道理，按照他的预测，俄国在满洲和朝鲜边境的"临时军事占领措施"必然会引发她与日本之间的战争。日俄两国一旦发生战争，在此后三年的喘息时间中，如果中国仍由他掌舵，中国肯定不会在那些最终导致了日俄关系和解并决定了北方属国命运的事件表现得孤立无援、无动于衷。

然而义和团运动的爆发造成了一种状况：由于慈禧太后对运动的默许纵容，李鸿章的治国方略暂无用武之地，他的外交策略也变得毫无价值。这种状况迫使他在公使馆一经解围时就不惜一切代价寻求俄国的帮助。他需要她的帮助来确保达到最终的目的，这在当下来说是最为重要的，也就是说，要不失体面地替慈禧天后保住皇位，同时最大限度地减轻中国因战败遭受的惩罚。他清楚地知道，朝廷必然也知道，这样的帮助需要付出的

△义和团士兵。

代价是沉重的，但除此之外别无选择。更何况，当年迈的总督大人奉太后懿旨从广州北上，当年在上海租界和在天津联合海军当局遭受的屈辱令他痛苦不已。他深深感到外国人，尤其是英国人，总对他心存怀疑，然而他一直是法律和秩序的坚定支持者，在总督任上也从不允许辖内有任何反洋人的暴行发生。在关于义和团运动的种种事件和密谋中，他认为自己是问心无愧的。不仅如此，后续的事件也证明了这一点，他在朝中同僚都惶惶不安之时展现出了罕有的勇气，在数份奏折中直言谴责慈禧太后对端郡王听之任之的行为，敦促她不惜一切代价与恼羞成怒的列强诸国议和。他发现自己和自己的外交任务在国内受尽怀疑和鄙视；他察觉到英国官员的态度很大程度上不是因为实际的危机而是因为他自1896年起开始与俄国亲密交往；最终他将这种态度与俄国官员对他展现出的谦恭体恤和热情相助进行了对比，如果面对这样精心施授的援助他还不接受，那他真的就不是肉骨凡胎了，哪还顾得上什么代价。

作为《泰晤士报》的记者，笔者有幸在李鸿章居住上海期间(1900年7月21日到9月14日)与他就义和团危机及其结果进行了探讨。当时年迈的总督大人身体状况急转直下。他走路都需要仆人搀扶，看起来十分虚弱。但他不屈不挠的精神却一点也没有熄灭，思想也没有显现出任何疲态，生气时一如往常般目光如炬。他并不掩饰自己对领事机构和市政当局无礼行为的愤怒，前者从不对他登门拜访，后者只允许他带20名随从。他对于英国公众反复要求与被围困的公使馆直接交流也非常不满。他已经拍胸脯保证过他们的安全，这难道还不够吗？即便如此，他孤身奋战，面对洋人的蔑视和同胞的怀疑，依然展现出了近乎天真的自满和无惧无畏的笃定，这些特点也贯穿了他的外交生涯。

7月23日，他对解决当时的危急状况提出的补救方案是让列强诸国向华北盟军指挥官发电报，要求他们停止向北京进发。就他自己而言，直到确定慈禧太后确实认识了她自己的错误并决意弥补，他才答应了北上。这些表述与他呈送给皇帝警示奏章中的内容，本质上是一样的。

虽然李鸿章在上海不用再操心任何公务，但他一直忙于争取俄国的帮助，力求让慈禧太后以相对体面的方式恢复地位。他在上海的住所是广州人刘学洵的(当时臭名昭著的"白鸽"彩票组织者)，此人在前一年曾被慈禧太后派往日本执行秘密任务。盛宣怀每天都会到这里与李鸿章长谈，他一直是李鸿章的亲信并帮他操持财务，熟悉的人都称他作老狐狸。时间长了，也偶尔会碰见个别悄悄造访的领事馆成员，但作为一个整体，领事馆依然拒绝承认总督大人的地位。中国电报总局总办，这是盛宣怀诸多头衔中的一个。在李鸿章的指挥下，这一时期上海、天津和圣彼得堡之间的电报线路一直十分忙碌。7月31日，李鸿章收到了清政府驻俄国公使从圣彼得堡发来的一封长电，传达了令人欣喜的消息：若慈禧太后能够及时否定义和团运动并寻求议和，俄国政府将竭力帮助中国摆脱困境。

7月3日，俄国同意了美国发布的外交照会中的条款，其中规定了结盟的列强之间共同行动的某些基本原则。此前，6月16日，俄国已宣布有意与列强合作，以恢复秩序并维护现状。俄国之所以会承诺保护中国免受列强怒火的攻击，是因为其在1896年曾与李鸿章协商并达成秘密协议。但由于那个协议中的条款从未被披露，局面因此而变得更加微妙。在这样的情况下，俄国所说的"现状"和秘书海先生所说的完全不是一件事。但在这件事上，俄国并没有过多地被情感上的顾虑所困扰；甚至公平点来说，早在1897年10月，俄国驻北京公使帕夫卢先生就曾坦诚告知克劳德·麦克唐纳爵士："俄国政府绝对无意把紧邻俄国边境的中国各省置于任何其他国家影响之下。"

公使馆解围之后，我们很快就通过俄国公使和军事指挥官所表现出的态度窥探出李鸿章和圣彼得堡之间电报沟通的结果。格尔斯先生把愤愤不平的中国政府的受害者迅速变为其值得同情的朋友，这一角色的转换太过突然而显得有些生硬；中国国内的舆论也认为这种变化确实是不恰当的，人们仍记得朝廷曾下令对手无寸铁的传教士施以暴行。8月14日，对公使馆的围攻得以解除；当月9日，准备逃走的慈禧太后曾任命李鸿章为全权大臣与列强谈判，并补充了一条很重要的指示，那就是，他要"致电各国外交部，以结束敌对状态"。8月底，从俄国和日本处得到确保太后人身安全的保证后，李鸿章致电逃亡中的朝廷，要求调动长江沿岸的总督和庆亲王协助其和谈；与此同时，他自己则继续坐镇上海。9月初，李鸿章与俄国的协议开始初现结果；满洲三省处于俄军的占领之下。实际上，俄国政府这是在用行动宣告，满洲三省处于国际协同行动的范围之外。9月7日，格里尔斯凯将军在布拉戈维申斯克对面的黑龙江右岸举办了一个隆重的感恩仪式。穆拉维耶夫的预言终于应验了，"河的这岸迟早也将是我们的。"

8月21日，李鸿章致电中国驻华盛顿公使伍廷芳，敦促美国政府停止敌对状态，撤军并派代表进行和谈；25日，俄国公使团也发布了一则备忘录——两份文件措辞非常相似，因此，这两份文件具有同一来源，也就毋庸置疑了。9月8日，俄国代表单方面指出，如果清廷同意即刻返回北京，列强将着手从北京撤离；李鸿章也于次日电报敦促清廷返回。13日，他再次致电荣禄，求他劝说慈禧太后放弃端亲王及所有努力，并宣布即刻返回北京。与此同时，为了"履行诺言"，俄国公使团及俄国军队着手从北京撤离至天津。但由于这一举动意图明显且无人效仿，而其他列强又坚持在北京谈判，俄国只好在10月份又悄悄回到了北京。

得知庆亲王抵达北京的消息，李鸿章终于在朝廷三番五次命令之后，

▽慈禧太后和美国驻华大使馆的妇女。握着慈禧的手是美国驻华大使埃德温.H.康格的妻子莎拉·康格。

于 9 月 14 日离开上海启程北上。在天津，英国和其他国家的代表对他的态度再次与俄国人对他的健康状况表现出来的过度担心形成强烈对比，也许这也更加坚定了这位老人愿意全心信任并依赖俄国人，把未来之事交给未来处理的决心。至少他还总能得到慈禧太后的支持和允许，因为慈禧非常感激俄国公使保护义和团运动中自己的亲信，并承诺把太监总管李莲英的名字从列强的黑名单中抹掉的行为。另外，俄国大使竭尽全力，试图让外交使团接受李鸿章为全权谈判代表，并且在英国、美国、意大利等国代表有所疑虑的情况之下取得成功。

就这样，李鸿章回到北方，最后一次把弥补政敌所犯的愚蠢错误的重任扛在了自己年迈的肩膀之上。离开上海之前，他向朝廷呈了一份奏疏，奏请弹劾端亲王及其同党，在奏疏的最后不仅签上了自己的名字，还擅作主张地替刘坤一和张之洞两位总督也签了字。李鸿章在这份奏疏当中声称，如果不对义和团的一班首领进行严肃处理，谈判就没有成功的希望。张之洞一如既往地对此表示反对，并否认自己和这份奏疏有任何关系；但慈禧太后却被说服了，她颁布诏书，下令惩罚自己昔日的顾问，而李鸿章又重新被摆在了面对外国使团的位置之上，也因此而恢复了几分往日的自信。事实上，依靠着俄国使团的支持，慢慢地，李鸿章慢慢态度大涨，对其他列强的代表造成了不小的冒犯。例如，11 月，李鸿章给各国公使发了一封典型的粗鲁无理的公文，抱怨联军在进军保定府时的所作作为，甚至提议调中国军队到京城"协助维持秩序"。他在北京的住所由哥萨克士兵守卫，与俄国公使的关系也是最为亲密的。事实上，李鸿章把所有的鸡蛋都放在了俄国人的篮子里。

尽管慈禧太后和中国很多高官都对俄国人的保护无比感激，李鸿章却很快意识到，这种保护的代价将是巨大的，而他自己，因为主张部分或全额偿付这一代价，也一定会被朝廷、御史和同僚斥为叛徒。和平协议签署之后，紧接着，满洲条约的条款也在 10 月底揭晓。这些条款向全世界宣告了俄国为其所谓的公正无私的友谊而索要的代价，并立即激起长江流域总督们的愤怒抗议。李鸿章再次被置于艰难的境地。他 3 月才刚向朝廷保证过，说俄国对满洲地区的军事占领只是暂时的。正是基于这一保证，9月7日和平条约签署之后，朝廷即命令他和同事向俄国公使提出正式要求，要求俄国从满洲三省撤军，恢复中国对山海关铁路的控制权。这一次，一贯言而无信的庆亲王背弃了李鸿章，转而支持朝廷的荒唐看法。李鸿章询问太后，他当时是否真的有其他道路可走，并希望以此唤回慈禧的理智。例如，当时有希望从英国或日本那里得到有力支持对抗俄国吗？这时是10月底。在这位老者身旁，一边是可恶的雷萨尔公使，对他虎视眈眈，恨不得割他的肉吃他的血，另一边是中国全然无助的深渊——深陷其中的李鸿章已经没有体力承担向他涌来的一轮又一轮的麻烦。长江流域的总督们联合上书，反对朝廷批准满洲条约，朝廷批准了他们的请求。满洲人已经吃掉了自己的蛋糕，却还希望能拥有这块蛋糕。李鸿章奉命提醒他的俄国朋友，请他们不要忘记曾多次承诺会保持中国的领土完整，而眼下这份条约却正要破坏这份承诺。但愤怒的雷萨尔公使仍不罢休，很显然，他记得李鸿章在最需要自己的"友谊"时私底下说过的话和做过的事，他不会如此轻易放过李鸿章。日本人开始表现出急躁和好奇；被特兰斯瓦尔占据心神的英国人也开始明显心绪不宁。因此，站在俄国的角度看来，他们需要中国政府做出自发"让步"，用既成事实让竞争者望而却步。

11月初，李鸿章生病卧床，但残忍的雷萨尔公使仍不忘折磨他，直到其生命最后一刻。11月7日，李鸿章与世长辞。也许这对他来说最终不失为一种残忍的满足，因为他用无法逃避的人生结局逃离了眼下艰难的处境，把取悦雷萨尔公使的任务留给了庆亲王和王文韶。倘若在他们讨论五个月后即将签署的条约中的条款之时，李鸿章尚未安息的灵魂仍游荡在北京上空，那么，看到自己生前的同事和评论家面对此事的无助和无能，他一定会从中得到不小的快慰和快感。

即使我们承认，李鸿章与俄国的外交关系是一种随用随买、勉强维系的盲目乐观的机会主义；即使我们承认，他是一个会在祖国的困境中也随时不忘获取个人利益的人，但不可否认的是，他在棋局中所走的每一步都有合理而明确的目的，在总体上都是基于对中国需求清楚的认识，基于对国际政治大格局的明智判断基础之上的。因此，李鸿章不同于中国官僚阶层的精英，也不同于旧政权中的保守人士或革命党中的进步人士——这些人中没有任何一个人能像李鸿章那样，能够基于对中央王朝之外的人与事的了解，制定出切实可行的政治路线。李鸿章自己究竟在多大程度上相信中俄之间存在不含任何杂质的"友谊"，这个问题仍有待考察。但据我们对他性格和一贯行事作风的了解，我们有理由相信，对此他是不抱任何幻想的；他之所以会和财大气粗的俄国交朋友，也仅仅是因为1895年他确实需要这样的朋友，希望能在盘点清算之日找到办法逃避全额支付。他盼望着能有这样一天，但这一如意算盘也被搅乱了，不是因为他自己的过错，而是因为慈禧太后支持义和团运动的愚蠢行为给了俄国以可乘之机。

想要对李鸿章的外交官生涯做一个完整记载，就不得不说说他在欧洲和美国的成功巡游。从很多方面来讲，这都是一次令世人瞩目的远游。作为中国外交事务的第一把交椅，除了前一年曾出使日本之外，已经73岁高龄的李鸿章还从未去过其他国家；但在整个行程中，李鸿章一直保持着冷静泰然、沉着镇定的态度，并抓住一切机会告诉西方国家的君主和政客们，他们这种暴发式的文明和泱泱大中华之文明相比，在道德文明方面始终处于劣势。整整六个月的时间，他颇具异域风情的讲话和行事风格引发了全世界媒体的关注和兴趣：他谈论人和事时，既有世外桃源的天真和幽默打趣的批判，又会童言无忌般问出唐突的问题。而李鸿章之所以这样做是想制造出怎样一种效果，给外国人留下怎样一种印象，所有他天津衙门里了解他的同事都再清楚不过了。他的态度是有意设计的，目的就是要营造一种东方式微妙而神秘的氛围。为了营造这种氛围，他利用了媒体，特别是充当选举媒介、具有新闻工作者本能的美国媒体；他在欧洲各国首都所展现出的姿态和举止为他带来了主角般的荣耀。所到之处，他的行为都令有产者惊愕。而事实证明，他的这一策略很好地达成了其效果。回到中国之后，李鸿章曾对一位在天津的英国朋友说，中国官员对欧洲事务的无知并不比欧洲政治家对中国事务的无知更甚。但毫无疑问，旅途中的所见所闻使这位年迈的政治家更容易有清醒的思考，此次旅途之后，他在对待外国人的态度上也多了些礼貌，少了些嘲讽。

如我们看到的，慈禧太后之所以派李鸿章参加沙皇尼古拉二世的加冕仪式，其首要目的是使他远离风暴中心，远离国内政敌和朝廷的批判之声，顺便通过与俄国就未来共同防御日本侵略达成明确协议，以挽回一些因《马关条约》的签订而丧失的威信。于老佛爷而言，在李鸿章耗费巨大的军备刚刚惨遭重创之后，想要在御史面前力保身处天津的他，不搭上些个人声誉，怕是不那么容易。但让李鸿章待在京城同样也不明智，因此，卡西尼伯爵此时邀请李鸿章参加加冕仪式的举动正合了老佛爷之心意。赴俄之行演变成环游多国之旅：英国、法国、德国、荷兰、美国——这是一次休闲的机会，给了李鸿章喘息之机，但与此同时，他也希望休闲中谈点正事，说服英国政府（这也是英国政府最感兴趣的事情）同意把海关进口税提升50%。

在欧洲和美国，人们对李鸿章在国内岌岌可危的困境知之甚少；他在各国都受到了几乎是皇室级别的款待，人们普遍认为，他的此次外交出行是中国皇室授意之下，中国最显赫的政治家的一次荣耀之旅。对此，李鸿章本人和他精明的翻译兼秘书罗丰禄也都没有刻意纠正；对于人们认为他有意订购大量武器装备、铁路材料和军舰的错误猜测，也都完全听之任之。不仅如此，作为大清帝国的使臣，每到一地，他都会参观造船厂和兵工厂，以商旅者的热情询问产品价格，但并不下订单，理由很简单：他既没有资金，也没有采购权限。但是，被视为对未来的中国订单有话语权的人，李鸿章在英、法、德受到如此款待，这更加剧了儒家思想的他内心深处对所谓西方道德和行为优越性的嘲讽和不屑。正如科迪埃公使曾公允地指出，欧洲人从未因贪婪在中国人面前表现出如此缺乏尊严或道德沦丧；其结果很简单，他们既没得到钱财，又失了从容。

在一定程度上，亚历山大·宓吉的伟大著作《英国人在中国》对李鸿章任直隶总督期间的活动进行了精确而有趣的分析；但奇怪的是，这本书尽管出版于1900年，却对李鸿章此次盛大的出行只字未提。更加遗憾的是，对于这位年迈的政治家在此次难忘旅行中的所思、所言和各种举动，也没有任何真实可靠的记录。如果能获得李总督此行中对俾斯麦、克虏伯、格拉德斯通、索尔兹伯里勋爵、克利夫总统等人真实想法的可靠记载，能知道他内心对匆匆一瞥所接触的文明以及德国步兵和英国舰队的真实想法，那将是何等有趣啊！他跟记者说的都是一些毫无意义的玩笑话，是他平时喜欢大谈特谈的那些想法，或是作为客人的鲁莽之言。毫无疑问，由李鸿章忠实尽责的美国秘书兼知己毕德格保存的李公日记将是对了解此事有帮助的一条重要线索；但不幸的是，这些日记只保存到 1901 年，李鸿章死后，这些日记也就不知所踪了。因此，世人也许再也无法知晓，在其沉静的内心世界当中，李鸿章是否仍保留着目空一切的高傲姿态和令人不快的比较思维的习惯。

至于李鸿章和英国的外交关系，这里就不必花太多笔墨赘述了，因为自 1870 年他主管清朝外交事宜之后，英国的对华政策已经由帝国主义政策逐步缩减为自由贸易的政策。李鸿章很快便意识到科布登主义对英国作为大西洋强国的外交政策的麻痹作用，并预见到自由贸易原则会导致的后果——这一后果在帕莫斯顿勋爵逝世之后开始在远东显现了出来。

1860 年第二次鸦片战争结束之后的几年里，由于英国在镇压太平天国运动中起到了积极作用，英国在华利益及新贸易的规模和重要性仍得到其政府的政策支持，但从 1870 年开始，英国的对华态度和行为发生了显著变化。当时采取的一些做法和行为反映了英国外交部新的精神和方针，是正逐步颠覆帕莫斯顿勋爵传统的善感、软弱的重商主义的新理论的体现。在商务部约翰·布赖特先生的管理之下，英国开始奉行优柔寡断的政策，时而高压、时而安抚——这迅速导致英国驻华外交使领馆陷入冷漠、孤立无援的悲惨境地；从整体上说，这也奠定了今后英国对华外交政策的基调。通过减少接触来减少出现摩擦的可能，这成为英国所有对华政策的官方立场。其结果就是，英国对华政策在两者当中摇摆不定：时而坚持自己的条约权力，时而默许违反条约的行为；一方面强烈抗议其他列强对中国主权的侵犯，紧接着为了恢复英国的在华威望又进行着相同的徒劳抗争——这样做对中英双方利益均有损害。

李鸿章具有敏锐的政治嗅觉，对于外交行为背后所传递的信息，以及在外交行为受阻时是否应采取强制性手段，他的判断一般都非常准确，很少会出现失误。毫无疑问，在马嘉理事件和《烟台条约》之后，李鸿章精明而敏锐地意识到了导致英国对华政策出现如此明显变化，把外交重点放在对外贸易上面的原因。凭借李鸿章对英国国内事务的了解，他无法分析出在工业主义科布登伦理、全球金融、高层奎克主义影响之下英国对外政策退化的深层原因；但他意识到了事情的本质：掌握英帝国命运的政客已非常疲惫，他们害怕承担帝国的负担。最终，李鸿章把英国定位为小商贩之国度，其国家理想即为贱买贵卖，其所有对华政策都是围绕尽一切可能维护其既得贸易利益这一目的展开——只不过，他们却唯独没找到那个对中国这一东方国度奏效的办法。

李鸿章得出这样的结论，并始终以这一原则为指导开展与英国官员的外交关系——毫无疑问，他这样做有失偏颇，因为他混淆了英国的国民性格和政府性格，后者是政党机器发展进化的结果；但犯这种错误的不止李鸿章一人，而这样的错误也并未使他立即付出代价。

不屈从理性而是屈服于恐惧，李鸿章的这种态度很符合中国官僚的一贯风格。和所有中国官员一样，最能令他信服的就是武力。对于那些展示了武力却又不愿或害怕使用武力的人——这正是 1885 年到 1905 年期间英国在对华关系中常常扮演的角色——他会报以东方人惯有的鄙视。但撇开政治不谈，他承认自己非常钦佩英国商人身上不同于官员的那些值得信赖的宝贵品质，并在他们当中结交了很多朋友。

第六章

李鸿章担任海陆两军总管

在欧洲，在旅居中国的外国人眼中，李鸿章的成功主要因为外交事业，然而国人却将他的卓越之处归功于他担任大清帝国的军事总指挥和防卫的组织者。确实如此，李鸿章所享有的荣誉，就如同中国人给予先知荣誉一样，通常没有区别且不着边际。中国和其他地方一样，公众人物因管理能力享有盛名，自己却认为是哲学文章的简洁文风较为独特。欧洲人认为，在1894年中国面临内忧外患时，李鸿章前往日本和平协商，他的外交策略表现出惊人的勇气和智慧。随后，他游历了世界各地，做出了令人难忘的壮举，这奠定了他机智灵敏的外交家地位。但是据中国人所说，他的威望表现在组建海军和陆军上，并在甲午战争之前达到顶峰，随后开始衰落。实际上，官场同僚都在广泛谴责他引以为豪的海军和军事准备，这表明，他既不适合做高级将领也不适合继续在军队待下去。正如我们所见，慈禧介入后将他从赔偿战争惨败的罚款中解救出来。在中国惨败的羞耻期，他对国家外交和治国策略的贡献也被人们忽视和遗忘。

不可否认的是，他对海军和陆军的管理确实是一大败笔，当他接受考验时，就可耻地暴露出来了。但是欧洲人并不了解中国政府集体"弄虚作假"的能力是无限的，他们感到疑惑难解：李鸿章的同僚和批评者怎么可能在几年时间里对此表现出完全的信任和热情的赞美？从皇太后慈禧到各省的官僚，都不缺乏北洋舰队内部事务的可靠信息以及直隶军队的危险境况。因为在中国，这样的消息可以说是常识，官员内部也是讨论得如火如荼。但是不论在东方社会还是在西方社会，一事成功百事皆顺。只要李鸿章勇猛的军事风采没有在残酷的战争中露出马脚，他作为军事总管就能享受荣华富贵，名声远扬。

欧洲人之所以惊讶也一定是因为国防，海军及陆军机构常年都由一人管理，而且这个人同时还管辖直隶省，大量外交以及商业事务。战争失败的主要原因在于没有一个总督的同僚有能力且愿意根据西方科学开创新兵法，更不用说按照欧洲模式组建海军了。李鸿章凭借充沛的精力、宏大的抱负以及充分的自信开始了这项伟大工程。此外，他成功镇压了太平军起义，由此得到了朝廷的赏识，并为他执行计划放开了更多财政支配权，比任何其他总督所期望的都要多。与此同时，他很快被擢升到独立掌权的高度，这样他可以对御史们的攻击置若罔闻，这是他的同僚（可能除了张之洞之外）都做不到的。

然而，要考察李鸿章的努力和成就，无法回避某些问题：关于海军和陆军装备的价值，李鸿章自欺的程度有多大？他的精明和务实在多大程度上误导了自己？他以为只要购买舰队和枪支就能与西方国家或日本匹敌，但是他并没有把教育和约束军人如何使用武器当一回事。难道像他这样敏锐聪明的人真的相信，虽然他管辖的军队仍受到官场腐败和懒散低效的影响，却还有可能对抗外国人的势力？宓吉先生曾一度在李鸿章手下任职，在这个问题上，他描绘了一个伟大且有同情心的总督。宓吉先生认为李鸿章从不屈尊去全面了解外国强盛的秘诀，他就是一群盲人中的独眼龙，在自己能看到的事物中摸索。中国聘请了很多欧洲和美国教师，又派了许多人出国学习，但是官僚机构内部从来不允许新教育精神的传播，结果通过这两种方式习得的所有知识都只是徒劳。于是李鸿章付出的努力半途而废，中国仍然是一片任由西方军队践踏的道德土地。

这毫无疑问是真的，但我们更易相信李鸿章努力中的真诚，也更易同情他虽费尽全力培育新教育的精神却以华丽的失败而告终。实际上，李鸿章除了传播新思想（撇过这一点，他所有的工作都是徒劳），在个人廉洁上毫无作为，这实在是可悲却无法否认的事实。正相反，在贪赃枉法和利用裙带关系上，他的管理之松散已经臭名昭著，比那些稍逊于他的官场同僚更加糟糕。实际上，我们看到总督身边围绕着一群贫寒的亲属和贪婪的亲信，我们可以很公正地说，在他权力的鼎盛时期，陆军和海军已经变成了其亲戚和下属挤轧利益的奶牛；财政因素钳制了两军的发展，并导致它们瘫痪。

论及习性和气质，这些人根本不是老实尽职工作的人。就像庆亲王在北京的衙门一样，李鸿章在天津的衙门已经沦为卖官鬻爵的市场。在这些滥用职权的人中，最无耻的或许就是李鸿章的女婿张佩纶；他的兄弟李瀚章总督也是家喻户晓的"无底钱袋"；他几个儿子厚颜无耻贪污的行径，被众人鄙视。最终，李鸿章与臭名昭著的腐败人物大太监李莲英的亲密关系，他自己对金钱的欲望以及担任总督聚敛的大量财产，都是不可否认的事实。这不禁让我们得出结论：虽然他在担任总督初期表现了诚挚的爱国情感，最终他却成了腐败的根源，在他的领导下，腐败在各个国家机关之间迅速传播，这也使得陆军和海军变成了空壳子。在对利益的追逐中，他和属下都忘记了自己对国家所肩负的责任。1890 年，他纵容属下把琅威理舰长赶出中国海军，破坏了他麾下唯一一支纪律严明、作战有力的军队。从那时起，在李鸿章知情并默许的情况下，舰队和兵工厂被办成了半盈利性的机构，这种官办管理（受到日本密切监视）无疑导致了中国屈辱的惨败。

无论战争失败前后，李鸿章的辩护者总想竭力表明，他之所以未能有效组织国防，主要是由于中国政府的权力分散，而他的集权化努力遭到了各省总督的反对和对立行政的妨碍。在某种意义上讲，他所推行的改革仍然限于地方，中央政府并没有强制在各省统一实施，这是事实。所以广东、福州、南京以及其他各地的军械所都实行自治，官员将管理委托给自己的朋友和亲戚，既没有技术知识，也没有明确的职能划分。但是李鸿章内心还是坚定地支持地方传统。在1861年李阿舰队的重要事件中，时任江苏巡抚李鸿章，极力反对中央政府建立一支独立于各省的皇家舰队的想法，最终迫使政府放弃了此项计划。随后，李鸿章作为直隶总督，其野心驱使他支持行政机构的集权化，但是缺乏明确的信念和决定。他以身作则，积极推进改革，但是他训练的陆军，组建的舰队，兴办的军械所和军事学校，显然都是地方性的。当中日战争爆发时，对中国的其他人而言，这实际上是一个人的战争。李鸿章的海军和陆军计划与南方各总督的计划之区别，以及与中国舰队的南洋水师和北洋水师的不同之处，不在于能否鼓舞人心，而在于能量的不同。例如，这种使李鸿章在旅顺（又称"阿瑟港"）和威海卫建立海军港口的能量，主要在于他享有的特殊优势，可以从户部获得进行实验所必需的资金支持。

李鸿章的海军是地方性的，陆军也是区域性的，在这一点上，他与其他总督一样，沿袭了中国古老的传统。但是他的一生中，没有迹象表明他试图颠覆传统或终结某一制度，而这一制度明显从一开始就使中国无力抵御西方列强。如果我们探究为什么一个有着雄才壮略的官吏在国家危难前，顺从地为注定失败的制度效劳，我们将面对至关重要的财政因素，这是一切问题的根源。地方行政制度仅仅是封建家族制度和裙带关系的发展，因此腐败是其与生俱来的弊端。在这样的体制下,李鸿章能够(而且他做到了)为他的亲戚和下属提供官职，还为大批同乡谋得职位。就连他用西式方法训练的军队也是从安徽招募而来，大部分军官都是他的族人。北洋水师提督丁汝昌祖籍就是安徽，但是有几个受外国教育的军官却是福建人（退而求其次）。结果就是，自从1890年琅威理上校离职后，出现了宗族内部纷争不断、纪律松懈，混乱的局面本身就导致日本军队的胜利。李鸿章承认并接受了这个体制，等于从一开始就放弃了合理的军事原则。他和亲属通过这种固有的弊端不断获利，如果还能在国内外制造军事强大的印象，他们就心满意足了。我们从曾经在总督手下效力的欧洲人提供的证言中可以

Li-Hung Chang reçu par le Président de la République à l'Élysée

△ 1896 年，李鸿章出使英国。

获知,官场腐败是中国战败的直接原因。李鸿章对腐败睁一只眼闭一只眼,因此直接导致了声势浩大的军队遭受惨败。失败的原因既与体制有关,也与他本人脱不开干系。

如果我们再回顾李鸿章取得军事声望的源头,也就是他与戈登合作的日子,我们会发现,他所展现出的素质,符合中国人一贯对儒官的期待——才智过人,深谋远略,擅于避开风险,文学造诣出众,忠于职守、运筹帷幄。据他自己所说,他和戈登的关系牵扯到双方不断的斗争,戈登要求部队能及时获得饷银,李鸿章则想逃避付款。白齐文是个能干的军人,由于和李鸿章同样的金钱纠纷而投入敌军。

在预谋屠杀几名太平军首领时,就如同他悬赏白齐文一样,他显示了自己的战争观,其观念没有因为与英国官员交往而异于东方模式。他有丰富的政治策略和远见,但军事战术方面却像他著名的同僚张之洞一样粗浅。他的认识还停留在明朝,士兵手持弓箭,带着凶恶的面具,大声吼叫着恐吓敌人。1866 年至 1867 年,在镇压捻军战役中,命运又一次帮助了李鸿章。捻军已于 1865 年击败僧格林沁,并挫败了曾国藩在山西和湖北击溃他们的企图。实际上,他们是太平军的分支,在清廷平定长江一带战乱之后,他们逐渐变为小股的游击部队。但是即使是对付这些游击部队,李鸿章也总是避免进攻战和对抗战;他的策略是把捻军包围在一个不利地区,断绝他们的供给,也就是说"放捻入海"。这就意味着把捻军赶到相邻的省份,当地政府便要负责镇压或者为此付款(给李鸿章)。然而李鸿章在公文中描述战役特别紧张激烈,敌军异常强大威武,财政需求极为迫切,被中国学者视为效仿的对象,也证明了他具有管理军队的能力。

在政治知识和常识上,李鸿章超前地认识到中国领导下的中国军队不可能和欧洲军队对抗,而且他还很勇敢地反抗保守派的观点,在他的训练学校中引入外籍教师,在军事要塞、军械所以及造船厂引进外国专家。的确,他作为海军和陆军总督的优点在于:他认识到一个关键的事实,而他的同僚仍愚昧无知;他有勇气独立将知识付诸实践。1870 年他担任直隶总督时,接手了曾国藩的军队,由于汉族雇佣兵具有较强战斗力,他本可以就此躺在镇压太平天国的功劳簿上睡大觉。但他在与华尔、白齐文和戈登的交往中引进的西式兵法，他在兴建南京军械所获得的经验，都在他活跃的头脑中留下了深刻的印象。他随即按照西方模式大力重建陆军并创建海军。他在向朝廷阐述自己的策略时说，雇佣外国顾问、引进外国设备的目的，是让中国能够有效抵御外国侵略。如果日本可以做到，那中国为什么不能呢？他的目标和理由显然都合情合理，但经过 25 年的努力，两者都化为乌有，因为他未能避免海、陆两军的管理陷入官场腐败的道德堕落。

在此不必重复 1870 年至 1894 年李鸿章重组和改革措施的细节。从表面上看是大功毕成。在琅威理上校的管理下，北洋水师（包括两艘装甲舰，六艘巡洋舰以及辅助舰）取得了一定效力，值得受重视。旅顺口、大连湾以及威海卫海军港的防御工事由冯·汉纳根先生（李鸿章在军事上的德国亲信）指挥修建，人们都以为固若金汤、坚不可摧。大家都认为李鸿章采用西法训练的军队可以匹敌任何列强。实际上，中国的龙号称是不可战胜的巨兽，但是有机会窥探其中的人都知道，这只是华而不实、徒有其表的伪装，里面空空如也。像鹭宾·赫德和德璀琳这样和蔼友善又心态乐观的顾问，对军事一无所知，有可能被光鲜亮丽的外表迷惑；但是各类技术专家，尤其是李总督麾下的专家们都知道，这个系李鸿章名誉和国家安全于一身的整体，已经是败絮其中了。

首先是海军，北洋水师历时 20 多年建成，1886 年舰只数量达到顶峰，1890 年效率达到最高。1891 年，在提督丁汝昌的带领下，北洋水师访问了日本，给日本人留下了深刻的印象，日本迅速着手扩展海军。中国船员的机敏和守纪（尤指山东和浙江军队）一直备受称赞。李鸿章每三年对沿海海防进行一次视察，1893 年进行的最后一次无疑是胜利的巡视。这是他毕生的事业，万人敬仰：他修建的要塞、学校、铁路、造船厂、船只和枪支，全都熠熠发光。礼炮齐鸣，皇旗飘舞，为他迎来送往；他的同僚和宾客奉天巡抚对此印象深刻。老佛爷也是如此，不久就赠予他"三眼花翎"，这是清廷中汉吏所能得到的最高荣誉。李鸿章从来没有隐藏自己的光芒，他有为数众多的"自己人"，在国内外媒体中总是对他交口称赞。这时他作为总督名声如日中天，但是地平线上已经乌云密布，将给他的前程永久地留下阴影。想象一下，看到李鸿章在一片赞扬和感恩声中从高度成功的博览会上回来时，我们不得不好奇他在多大程度上自欺欺人，在多大程度上认同他自己这个虚幻的辉煌构造。所有他身边的人，无论是舰队甲板的海军，还是他任命的每个衙门官员，都是狡诈贪婪之徒，他们都迫不及待地出卖国家安全，以便中饱私囊。

例如，在三名福建舰长的阴谋下，琅威理少校及其下属英国教官被迫辞职。诸如此类导致军队腐化的阴谋，有多少是李鸿章亲身参与的？有多少是因为他的精力衰退而被默许的？公允地考察可以让我们得出一个结论：李鸿章本人在这次灾难性的事件中应负主要责任。即使外国顾问的能力过人，李鸿章也不愿意将权力交由他们掌管。所以在修订协议时，他得知琅威理坚持要与丁提督共同掌管时，采取了口是心非的做法。直到丁提督短暂离职后，琅威理才发现自己的官职（与戈登一样）只是一个空衔。刘总兵是三个反叛者之一，他的目标就是将琅威理驱逐出去以接管舰队，李鸿章支持了他。除掉这个外国人后，三位将领（林泰曾、刘步蟾与方伯谦——均为福建人）开始将海军作为商业机构为自己谋利。其结果是灾难性的。各个供给部门脱离了监管和纪律规范，迅速走向了腐败。为舰队做好战争准备的目标被这些反叛者置之脑后；相反，他们一方面依赖李鸿章的温和外交维持和平，另一方面却从"虚构"的军力中攫取暴利。四年的时间足够彻底瓦解北洋水师的军事实力，对此，日本人早已了然。

广东人林文庆是维新派领导人康有为的朋友，他于1900年著文指出，造成琅舰长被辞退的原因也可以用来解释中国新体制的失败。外国专家和无知的高级官员之间的嫉妒猜忌，学生和官员微薄的俸禄，腐败的裙带关系和错误的策略，都导致了中国尝试学习西方海军、陆军体制的惨败。对国人的护短导致他未将官员的虚伪列入失败的原因。

以朝鲜战争为开端的危机来临时，李鸿章引以为豪的海军在敌人面前一无是处，就像北京城墙上画着枪支的中世纪塔楼一样。对于惨败的局面，李鸿章是否已经有所意识？我们又不得不相信他已经意识到了。当朝廷和总理衙门催促他派遣舰队为失事船只"高升号"报仇时，他却尽可能将舰队谨慎地藏在海湾港口内。据说，就在这个紧要关头，他秘密地给慈禧太后呈送了一个奏疏，暗示如果慈禧没有坚持挪用海军资金修复颐和园，海军的境况也许不至于一败涂地。但是总理衙门并不接受任何借口。在御史们一致的嘲讽与声讨中，李鸿章被迫派出舰队，让他们去黄海战役中碰碰运气。

天津军械所的欧洲人都清楚，丁提督手下的舰长胆小懦弱，船只青黄不接，这意味着灾难即将来临。英勇而无能的丁提督也清楚地认识到这一点。在他的建议下，李鸿章匆忙从政府机关中挑选了一批勇敢而忠实的外籍人员，充当自己的部下。没有冯·汉纳根先生、泰勒上尉、麦吉芬上尉、麦克卢尔上尉和其他欧洲人英勇的领导和勇敢地以身作则，中国就没有了对抗敌军的基础，只剩下令人蒙羞的惨败。冯·汉纳根先生从"高升号"死里逃生后，被任命为丁提督的参谋长和海军顾问。他八月份从威海卫向总督汇报舰队军火不足，敦促天津军械所加速提高炮弹供给量。但是炮弹没有存货而且斯图尔特先生和外国职员都无法提供所需要的数量。舰队在九月份出发时，平均每炮装配十四颗炮弹，里面填充的是轻型的练习用炸药。臭名昭著的张佩纶，即李鸿章的女婿，衙门里的"捞钱冠军"，此时正管理军械供应局。中国海军战败的部分原因就是他大规模侵吞公款，部分是因为纵容并分赃的航海官员贪生怕死，背叛祖国。

战争爆发前两年，李鸿章在冯·汉纳根先生的催促下，批准了从克虏伯公司为"镇远"和"定远"两艘装甲战舰购买大批重型炮弹（十英寸火炮）的订单。但是张佩纶不同意在炸药上浪费钱，而他的朋友林泰曾、刘步蟾和方伯谦也支持他，所以这个订单没有被执行。（如果我们能搞清楚李鸿章对此"节约"是否知情，以及他在多大程度上予以赞同，将会非常有趣。）在9月17号的甲午战争中，中国的两艘装甲舰总共装载三个重型炮弹就出发了。来自克虏伯公司的炮手教官赫克夏发射了三个炮弹中的一颗，击中并几乎摧毁日军旗舰"松下"号。如果这些重型火炮有充足的弹药，凭借海军上将丁汝昌的英勇以及船员的忠诚，中国在甲午战争中也许

△伊东祐亨，著名军事家，日本海军元帅，甲午战争联合舰队司令官。

不会战败。但是由于张佩纶在军事方面的节约，这些战船上的大型火炮都成了摆设，到战斗结束时小型火炮使用的是非爆炸性的钢弹。所以说是李鸿章的女婿张佩纶的贪污导致了甲午战争的惨败毫不为过。由于他在李鸿章的衙门任职，李鸿章本人也难辞其咎。愤怒的御史经常上奏引起朝廷关注，李鸿章无法假装忽视他的罪恶行径，但总是袒护他。四个月后，张佩纶由于与日本特务有腐败交易而被革职流放。

甲午战争一个月后，为战舰采购重型炮弹的订单终于被发出了，它们抵达威海卫港口卸货时已经太晚了，被封锁的战舰正在做殊死搏斗。在这个号称无敌的要塞中，英勇的丁提督发现，由于供给部门腐败无能，海陆两军都无法组织有效防御。虽然有麦克卢尔上尉和泰勒上尉手下忠诚的欧洲军人鼎力支持，但是命运对他非常残酷。从日军包围港口的那一天起，灾难就是意料之中的结局。在这个要塞里，104 环炮弹中只有四个填装了炸药，一个填装了火药，其余三发填装了沙子。8 英寸阿姆斯特朗大炮上的观测镜被偷了，炮闩也被拆了。整个军营一片混乱，山东巡抚急于把自己的过失推到他人身上，开始与丁提督作对。这次围攻的一个特点是军营里出现大量被日本收买的汉奸；可能由于叛徒的报告，有人在北京控诉丁提督，导致他 12 月被勒令交出指挥权，进京受罚。随后由于李鸿章的影响和所有外籍军官的强烈反对，这条命令被废除，但是它足以让这个本该得到帮助和鼓励的英勇战士大失所望。2 月 12 日，弹药耗尽，他把炮台和港口交给了伊东上将，并于当晚用最传统的方式杀身成仁。一同赴死的还有刘公岛的指挥官张将军，他是李鸿章的亲戚。投降的前一天，丁汝昌曾希望山东巡抚给予增援，但援兵未到。反之，李鸿章却命令丁提督放弃要塞，把舰队驶向其他港口。这可能是张佩纶或其他总督衙门的小人阴谋，忠义的士兵战死沙场就是为了填满他们的钱包。

李鸿章非常爱惜丁汝昌（一个和蔼忠诚的男人），对他的死感到悲伤不已。李鸿章赞赏这位杰出将领的气节，他离开了这个世界，武力与属下的背叛战胜了一切，唯独没有击败他坚定的心。伊东上将，带有突显日本武士勇气与情感的目的，向这位不幸的对手致敬，并将其尸体妥善运回烟台。在要塞投降之前，伊东按照东方人的习惯，曾多次尝试说服丁汝昌放弃明知毫无希望的事业，但他所有的建议都被婉拒了。随着威海卫的沦陷和丁汝昌的去世，战争实际上已经结束了，因为李鸿章的陆军和海军已不复存在。朝廷开始处罚一大批李鸿章手下软弱无能的军官；朝廷准备逃往西安府以防日军乘胜入侵北京。李鸿章向来在厄运面前冷静坚定，他安排家人将资产从天津转移到安徽老家，并承担了全权公使的新职责，前往日本议和。

就这样，由于内部腐败导致的混乱，这支令李鸿章感到骄傲并带给他声望的海军化为乌有，以耻辱告终。由于缺乏忠诚和爱国的持久根基，第一次的战争冲击就把他培育多年的兵力像沙滩上的房子一样击垮了。

中国陆军的溃败甚至更加迅速彻底，但是它的威望并未与海军齐肩；实际上，它虚弱的战斗力几乎已经被社会所接受，李鸿章和中国政府一点也不惊讶。李鸿章自己的外国军队，享受着高俸禄，但充其量不过是当皇家卫队，供人参观的仪仗队，用于宫廷政变或者激发记者和外交官想象，以给他们留下中国认真组织军备的印象，其本质上是一种异国风情的产物，造成了一种纯粹地方性的非典型性舞台效应。李鸿章和其他总督时断时续地尝试重组陆军，就像在破旧衣服上打补丁。宓吉先生曾有幸观察了总督行政机构内部的运作，他对事态进行了准确地描述：

> 军事设施的陈旧状态一成不变。没有组建正规军，但是组件了一些地方军，缺乏凝聚力和中央控制。外籍教官被严格控制在教学工作以内，隶属于学员，无任何权威可言。他们可以训练军队，但是大部分官员则不去阅兵场参加训练这种苦差事。跟外籍教官一样，少数受过欧洲军事教育的人对无知的上级也无能为力。因此这些荒诞可笑的陋习不是潜移默化，而是席卷每一个营帐和学校，让科学教学沦为一场无谓的闹剧。

至于陆军的武器和军火供给，也存在官员腐败无能的状况，和给海军带来灾难的情况一样。地方当局都在为自己谋利，直隶总督也是如此，他们都盯着合同的回扣和盈利，而不是确保军备物资和设备的质量。监督体制和中央监管的缺失导致地方当局甚至下属官员购买武器和军火时相互竞争。同样，各省军械所购买机械设备和军备物资似乎成了主管专员合理的盈利渠道，他们不与其他兵工厂或北京沟通；结果是买来大量无用的武器弹药，随意分发给未受训练的军人，带来了极大的危险。而实际上，他们甚至都没打算让这些人使用武器。在天津，如同在根据条约开放的主要通商口岸一样，负责军备供给的官僚只顾着从军火合同中"压榨"回扣；到处都有德国、奥地利、日本的代理商，以双方都满意的价格，贿赂官员购买过时的武器和填沙的炮弹。尽管 1894 年腐败暴露之后，情况也没有改变。相反，由于战争赔款，官员们的常规财政来源缩减，他们更加变本加厉，不计后果，军火贸易随着他们日益增加的贪婪和需求愈演愈烈。像往常一样，直隶总督带头抵押国家日益衰微的信誉，大量购买不同样式的大炮和六种不同的步枪。因此，1900 年仅在天津制造的西局里，联军发现并缴获了价值 200 多万两银子的未经使用的武器弹药，这些不是出于战争需要购买的，而是官员为了得到回扣进行的交易。

中法战争时，李鸿章扮演的角色更多的是政治家和外交家，而非军事家。在讨论该事件时，他总体上让人明白，法国的胜利主要是由于广西巡抚不懂战术，暗示自己管治下的开明地区截然不同的局势。毫无疑问，李鸿章在这个问题上的看法在某种程度上是认真的，但他也部分受到他精心策划的政策所启发，即只有拥有有效的防御体系，才能给敌军制造出惊人的印象。1884 年 5 月，李鸿章在天津接受《泰晤士报》记者的采访时，论及时局以及他的计划，他反复表示希望欧洲不要受到中法战争的影响而误以为中国没有能力抵御侵略。他含蓄地表达了对中国士兵军事素养的信任。他宣称："我们所需要的只是训练有方的优秀军官。中国管理不善的主要原因是地方自治体系，这个体系使总督、巡抚们处于半独立状态，而他们对军事事务一无所知。"

李鸿章提出这些值得称道的想法是很自然的。当时他正处于事业的关键期，需要维持对皇太后的影响，既要依赖朝廷中愚昧的极端保守派，也要依赖他提倡向西方学习军事改革的合理性。一个月以后，仍是这名记者（宓吉先生）宣称那场战争的结果就是清理了局面，使李鸿章与阻碍改革者形成了更加鲜明的对比。"国人承认他既有以和为贵的国民精神，又被外国思想所同化。"从政治上来说，中法战争（亦称东京战争或北圻战争）的结果从李鸿章个人的角度来看不无令人满意之处。与此同时，他竭力使法国获得的利益最小化。面对《泰晤士报》记者，他保证："尽管中国的行动软弱无力，但对他而言，似乎没有理由怀疑帝国能够创建一支组织严密、纪律严明、管理良好的军队，用来抵御欧洲未泯的野心，甚至挽回以前的损失。"此番外交宣言，意在给外国留下惊人的印象，也在国内制造一种舆论：他本人就是那个实现潜力的"强人"。

但是中国政客的言行之差距远远大于欧洲政党的政治欺骗。李鸿章把中法之战的失败归因于广西巡抚的愚昧无知，也归因于中国政府方枘圆凿的弱点。他谴责现存的行政体系极端腐败，"唯有新鲜健康血液流入，治疗方可起效"。李鸿章的话自相矛盾，饱受谴责；1894 年由李鸿章任命的将军不仅不是新鲜血液，而且是臭名昭著、腐败无能的满清官僚；文职管理中最重要的职位则给了张佩纶和盛宫保这样的人。

在此不必细述 1894 年陆战中令人痛心的经过。李鸿章麾下将领的主要目的是为日军推进留下余地，同时又维持曾坚决抵抗的假象；天津军队（由李鸿章在安徽招募而来）更关注从朝鲜打劫来的赃物而不是抵御敌军。他们的司令官是卫汝贵将军，他是李鸿章身边的红人之一，因懦弱无能经常被御史参劾，于 11 月被斩首。叶将军因反叛和在平壤溃逃而出名，他是另一个李鸿章提拔的下属。唯一表现英勇的是山东回民左宝贵率领的部队。左宝贵反对同僚的观点，作战时身先士卒，战死沙场。在旅顺，防御任务托付给了卫汝贵的弟弟卫汝成将军，他同样软弱无能。与他共事的是文官龚照瑷道台，当日本开始封锁要塞时，他逃到了烟台，但在山东巡抚的逼迫下返回岗位。在这样一群人的领导下，无法指望中国军队能进行防御。这个耗费巨资被德国专家称为坚不可摧的伟大堡垒，在第一次遭受攻击时就几乎陷落了。守军像往常一样抢夺码头金库与商店以及市民的可动产，准备逃跑。负责港口防御的军官切断雷区的金属线之后也逃跑了。大量的地雷和鱼雷一个也没有爆炸。实际上，无论在10月24日小松将军在金州登陆时，或者他两星期后夺得大连港时，都没有遇到任何反抗。日本舰队入侵旅顺港后，他们发现了大量的煤炭和弹药；防御工事暴露在外，码头的机械设备也没有被毁掉。

旅顺港是李鸿章最引以为豪的成就，一直备受关注。它短暂的生涯和耻辱的结局表明30年前李鸿章有机会宣布，没有英勇能干的领导人，中国军队就无法作战；而且封建官僚阶层无法培育这样的领导人。他在镇压太平军的积极作战中，已经认识到这一点；但是他的阶级偏见比他的信念更为强大，所以他未能按照这种认识去办事。

战败的羞耻和国人的愤怒也没有让李鸿章认真从事军事改革。12月上旬，灰心丧气的中国政府向日本派遣和平使节，并求助于西方列强，它期望做梦一般出现一个策略，能够奇迹般地拯救时局。怀揣着这个梦想，总理衙门召集了冯·汉纳根先生商讨。李鸿章前往北京与恭亲王和庆亲王商量，给他们进献了一现成的方案，即迅速组建一支十万人的帝国军队（不是地方军），由两千外籍军官指挥。德璀林先生从日本徒劳而返，他也出席了这个会议，给总理衙门那些胡须花白的老权贵提出建议，必须首先着手财政和行政改革，这对任何合理的军事计划而言，都是取得长久成功的重要前提。衙门的满族大臣对这个忠告深以为然，他们打算批准冯·汉纳根先生的计划，但是汉族大臣却异口同声地反对。咨询李鸿章时，他站在了反对派。在他的指引下，他的亲信盛宫保呈递了一项"更节省"的计划。原因很明显，他建议组建规模较小的军队（3万人），配备较多炮弹。他的提议得到朝廷和汉族官员的青睐。他们并不想实施任何开支巨大的建军计划，尤其是开支必须受到外国人的严格监管。他们真正期望的是冯·汉纳根先生能够制定一些像门客给李鸿章所提的神奇计划，用前所未有的计谋击溃获胜的日军；是张之洞等人认真鼓吹的那种精心策划的陷阱。但是他们最不希望得到的就是目睹两千外籍官员被授予权力，限制官僚们由来已久的借机贪污、任人唯亲和以权谋私的权力。

这件事中，伟大的进步分子李鸿章却变成了保守派的领导人。为什么？毫无疑问，部分是由于他本人对挫败感到懊恼，他一想到连自己作为中国的大人物都干砸了的事，要授权外国人去做，就觉得特别反感。但是局势的决定性因素，以及他强烈反对一个已经向中国证明自己忠心耿耿的人所提的合理建议，其根源在于由外国人组建军队则意味着被外国操控，尤其是对军火购买的控制。换言之，尽管国家处在危险之中，比这更重要的是官僚们捞取"回扣"的世袭权力。李鸿章的身后站着全中国的官僚群体，他们关心自己阶层特权，远超过关心国家的荣誉和安危。

冯·汉纳根先生的提议最终被束之高阁，李鸿章已被剥夺所有的头衔和荣誉，只剩下属地的管辖权。他的老对手刘坤一是湖南集团的首领，被任命为海陆军最高统帅，凌驾于李鸿章之上。从表面来看，李鸿章走了背运，对手找上门公然嘲讽他。根据这些事实，宓吉先生在辩解书中反问道：李鸿章怎么可能制定且执行反动军事政策，并通过盛宫保阻挠汉纳根先生的提议？对这个貌似合理的质疑，答案是：李鸿章走背运时期，仍受到慈禧太后的庇护，以及藏在皇帝身后的权势人物，他的事业伙伴大太监李莲英，也给了他强有力的帮助。

如果不是因为李鸿章的外交政策及本国的利益，俄国没有介入；如果中国实际上已经被自己鄙视的"倭人"强占了要塞和领土；如果人们已经要求李鸿章对国耻负责，那么满人或许至少会试着实施一些冯·汉纳根先生提出的严肃的军事改革计划，以延缓分裂的局面。但是，一旦消息不胫而走，说李鸿章实现了"以夷制夷"的愉快任务，日本最终被迫退出旅顺港和威海卫——换言之，战败的惩罚被无限期地免除——就连满洲亲王也会鼓起勇气，抛却懊悔。于是大家一致同意放弃提倡认真管理和自觉训练的改革想法。显然，中国能够轻松地喘口气了，官僚们的太阳尚未落山，李鸿章依然可以按照自己的想法把握时机。

因此，当几个月后李鸿章踌躇满志地前往莫斯科等城市时，他清楚地知道，在外国人指导和控制下组建军队的想法随着中国面临被瓜分的危险

△ 甲午中日战争的日本士兵。

而告吹了。他能怀着平静的心情出发，他肯定自己回来时，京、津两地的局势依然如故。那时候，他将想出新的计谋，安排新的合同，如此可用新的板条抹灰修补他官场伪装中出现的漏洞；旧事物可以有新名字，新人物可以代替旧习俗；但是无论发生什么，官僚群体，尤其是李鸿章所拥有的神圣权力，在今后几年内将不会受到侵犯。于是，得过且过吧！我们能看到李鸿章极端的犬儒主义，对至高权力的热情主宰了他，他对自己国家的利益漠不关心，背弃鼓吹多年的原则。这表明 1894 年溃败后，李鸿章打算用国家的未来换取保全自己权力的计划。在这件事和许多其他事上，他是慈禧太后忠诚的追随者和效仿者。

从欧洲人角度审视李鸿章的官场生涯，外国人很可能认为他应该为中国屈辱的战败和中国人民因此遭受的不幸负责，直到今天仍是如此。不可否认的是，他有违自己宣称的信念，有违自己超凡的智慧，因为他明知极不健全，还去建设威武奢侈的海陆军装备体系。毫无疑问，他在追求过程中被个人动机驱使，同时希望在国际上打造一个中国拥有强大军事实力的虚幻印象；他遵循官僚阶级传统，让国家利益服从个人目的。但是，从中国人的角度看，他遭受谴责不是因为他的方法而是因为这些方法没有取得成功；考虑到他的忠诚以及在其他公共服务领域的作为，就连这种谴责也被免除了。实际上，后人给予了他同时代人拒绝给出的公正评价。中国人通常不关心政治，将管理、战争与和平等事务都抛给官僚。公众舆论通常以天朝传统为天平来衡量本国的大人物，即使是在失败的时候，也要看他们是否恪守传统，如果他们谨遵古代的方法形式，就会得到古代习惯的宽容。

贪赃枉法是官僚阶层默认的传统，官场的矫揉造作和虚张声势也是如此。每个中国子民都养成了默许接受事实的习惯（行政的艺术都在于熟练地欺骗，制造巨大的幻觉体系以及利益的分配），正因如此，李鸿章基本上是无罪的。欧洲人看到，或自以为看到中国官僚的一个变异，以为他是一个新摩西，能领导中国人走上富强之路。中国人把他看作机智的造假艺术和政治柔道的绝世大师，他还是一个儒家学者以及基督教的信徒。几个世纪以来，虎头木遁和纸上谈兵在中国"省钱的"军事主义思想中扮演着重要角色。李鸿章只不过是让"传统习俗"适应新的需求，从而产生了惊人的全新舞台效果。如果甲午战争中他所有的策略都被证实毫无用处，如果他侥幸逃脱战败的惩罚，那么他能仅凭个性的力量或运气重返高位，而且在离开舞台时仍被太后、外国人、拥护者甚至敌人承认为清朝最伟大的人，这仍然是他的长处。这样看来，他的道德品质无论如何都是主导因素。

毫无疑问，在中国人眼里，时代的治愈之手已经抹去了李鸿章失败的记忆，中国现代的观点（请记住，主要是官方产物），如今正在向他致敬。

正如官僚阶层所见，他的官场生涯是一个几乎不断取得成功的典范，得益于严格遵守传统路线，只是偶然另辟异国现代主义小径。在中国以外的其他国家，李鸿章对海军的经营一直是一个伤心的话题，谨慎的政客都避免提及。在今天的北京，李鸿章的朋友和追随者却想法迥然。就在一年以前，海军部在一份报告中给已故的袁世凯提了一个严肃的建议，欲在北京修祠堂以纪念李鸿章、左宗棠和沈葆桢这些中国海军的创始人，以便海军军官和官兵凭吊这些政治家。报告依照惯例，记述了中国海军的成长过程，让不知情者以为中国海军的发展取得了持久和辉煌的成功。

报告中说："在晚清最黑暗、最保守的时期，左宗棠认识到了海防的必要性；他创建了福州船政局，举荐沈葆桢担任总管。沈葆桢组建了船政学堂，制造了八艘炮艇，这就是中国海军事业的开端。随后，李鸿章组建了北洋和南洋水军。由于他的不懈努力，海军队伍得以不断壮大……"

如果仔细研究的话，与其说这份报告证明了李鸿章作为海军组织者的品德和才干，倒不如说它证明了帝国统治延续了官僚群体的特征，即装模作样的能力，以及袁世凯喜欢坚持"古代传统不断延续"。内政部的官员同意上述请求时，机敏地发现了"检验海军官兵的爱国热忱"并不合适；相反，考虑到国家的关键局势，政府应该竭尽所能激发海军将士的战斗精神。因此，实际上纪念李鸿章的庙宇（如果已经修建）就变成了坚持官僚传统的纪念碑。李鸿章"游荡在黄泉路上"的灵魂要是知道了即使海军已不复存在，它伟大的精神仍然在遵循古法，不断前行时，他一定会喜出望外。他也一定会像生前一样习惯性地露出和蔼的微笑，正是因为这件事特有的结果：在表达敬意的外表下，功利性的目的显露出来。

因此部长提议为海军部的官员建造俱乐部一所，在其外围修建花园一座，园中花草灌木丛生，使之更添风采。工作之余，海军官员得以汇聚在此，交友娱乐。园内建一祠堂，以纪念李鸿章、左宗棠和沈葆桢。海军部可于春秋二季择日祭奠中国海军创始人之灵。

就连李鸿章本人也无法想象出如此合适的地方来建自己的祠堂！

可能会有人说，这份报告并不一定代表当代中国关于李鸿章一生的普遍观点，因为袁世凯是李鸿章的追随者，必定对李鸿章非常尊敬，所以为这样的祭奠安排舞台。但事实并非如此，这代表的不是个人而是整个官僚传统，在此对最著名最成功的代表致敬。如果我们无法认同这个传统，如果我们不赞赏东方"文化"体制（在这种体制中，文字早就在多年前与事实没有任何直接联系了）；如果我们谴责李鸿章，因为他虽然说过，却未能在中国军事管理中注入与那种文化体制完全对立的思想，那么，我们应当记住："时代造就了我们"，仅凭一代人的努力不可能改变一个民族甚至一个阶层的传统。最后，在谅解李鸿章失败的时候，让我们铭记中国的行政体制以及引领这种体制的阶层，受儒家哲学的影响，比受到欧洲基督教的启发更为深远。中国的体制建立在道德教义的基础上，所以正如宓吉先生所言："他们（欧洲人）对于物理力量世界是一切事物基础的错误观念，不仅可以理解，而且是不可避免的；因为双方之间没有共同的立场，甚至无法折中，一方注定要永远地误解另一方。"

【第七章】

李鸿章的政治生涯

　　若审视李鸿章作为政客或政治家的职业生涯，显而易见，我们的研究必然会涉及关于他官员生涯和外交成就的记述。例如，在 1898 年戊戌变法运动中，李鸿章在朝中所处的重要地位很大程度上决定了他的政策。他的地位和他对于中国内政最深的信念显然相互矛盾，这为评价他的总体政治才能造成了偏见。但是总的来说，他对于当时中国改革方案中一些问题的处理方法值得注意，诸如在教育改革、摆脱传统的社会解放、君主立宪政府和宗教宽容等问题中，他所表现出的超然的哲学态度和自由的观念都极具包容性，没有因为官员和外交官的身份被紧急情况干扰判断。加之他虚怀若谷，见解高超，故能从同时期的众多官僚中脱颖而出。

　　有一点要谨记的是，在中国，不能像在欧洲那样区分政府官员与政治家。时至不久前，"政治"一词在中国的含义还大抵保留了由文人学士或是士绅阶层组织的活动的意味，中国的官僚也大多由这类人组成；甚至时至今日，尽管那些所谓的共和派人士费尽心思的呐喊，尽管起义推翻了满清政府，"政治"对于普罗大众的吸引力微乎其微，似乎这个词仅召唤"知识分子"（报刊里最常关注的那些人）和那些费尽心思以权谋私的官僚们。在中华民国成立之前，政治党派也是存在的，追溯其本源，政治派别仅因守旧的宗族纠纷而存在，目的在于争夺权力和土地，绝不是因为任何的围绕国家政策形成的公众舆论分歧。李鸿章是安徽人，生来就属于本地的权力集团，他们与由左宗棠和曾国藩两家领导的湖南帮于1860到1890年间一直存在领土纠纷，双方之间的战斗与其说是政治斗争，不如说是经济斗争，这些斗争是遵循着官僚阶层斯文的规则而进行，但仍然颇为激烈，其手段有密谋弹劾、御史奏疏、各种宫廷阴谋、有组织的贿赂或腐败。在欧洲列强及其贸易来到中国并在国家事务中扮演重要角色之前，这些派系代表的是人，而不是某种观点；无论哪个派别，要是出了一个伟大的学者或是成功的起义镇压者，便可以按皇帝的旨意享受更多的财富与任职比例。但是当种种传教士和其他五花八门的问题搅扰到北京封建政权的政务与经济时，当中国的"西学"开始产生不安定的结果时，当一个党派要以精神理念作为其立党根基时，安徽帮和湖南帮分别代表着针对难以解决的行政改革问题的某种清晰明确的政策纲领。1870年以后，安徽帮追随它杰出的领袖人物李鸿章，主张温和的进步思想，而湖南帮则代表坚定的守旧派。从此，在进步人士的指导下，在睿智的本土新闻界的影响下，不但地方派系，整个官僚阶级均可以粗略分为进步派和守旧派，地方割据和权力纷争也随之逐渐改变。最终，两派同时遭到一个因素的影响，即来自海外的广东人和其在中国华南和华中地区的追随者的财富和政治倾向。这样一来终于引发了一个颠覆朝代的问题，在某种程度上可以说在官僚群体中划了一道新的界线，划分了满族皇室的支持者和反对者。中日战争之后，近乎国民感情的东西产生出来，相当多的官员暗中支持由孙中山和一些其他广东人领导的革命集团。1898年戊戌变法运动中，康有为能够接近光绪皇帝并得到他的支持，是因为中日战争灾难性的后果使中国最高级别的官员们已经意识到这就是满清专制政府穷途末路的预兆。因此，在朝廷正统的支持者看来，改革与"革命"联手了，由于许多业已被证明是进步派的人士被迫扮演反动派，国内政治的进程愈发复杂。这种情况在李鸿章身上更加突出。

为了准确理解李鸿章在中国朝政所扮演的角色，特别是想要理解他明显的前后矛盾之处，以及他为何支持慈禧太后发动戊戌政变、支持她对1898年9月戊戌变法的残忍镇压，对近代中国政治演变历程作出初步的解释是必不可少的。尽管表面上正好相反，他施政的进程总体上与他宣称的理念保持一致，而那些理念恰恰是阶级偏见与文人贵族偏见的必然结果。不言而喻，他在细节上调节政策的方向以适应新环境，但在基本原则方面仍然坚守阵地（比如说儒家的君臣之礼）——在海陆军组织方面的政策更是如此。

不可否认，李鸿章主张坚持一些既有的原则指导，这些主张也贯穿了他职业生涯中的各个方面。第一，他不惜一切代价把维护法律和秩序放在最重要的位置；第二，根据第一个原则，地方政府完全遵守一切和西方列强签订的条约；第三，他强调要处理好洋人事务。为了成功地与洋人交往，必须了解洋人。而要做到这一点，只能通过直接的个人交往。他所坚持的一切原则都与两种观念有关，并且受制于此。一是他相信儒家哲学的道德优势胜过西方的物质文明，二是他坚定不移地效忠于中国的实际首脑皇太后。

倘若承认李鸿章这些原则的存在和影响，也承认他作为外交家和军事组织者的工作证明他具有实在的政治才能和一贯的政治决策，那么我们不得不同时承认他作为政客和政治家一生的事业中，找不到任何明确定义的建设性决策的证据。根据宓吉先生的意见，李鸿章作为政治家须坚持己见，没有党派；独身立于新旧世界之间，毕生致力于执行两者之间妥协的方法。但就连宓吉先生自己也不得不承认，他的方法整体而言是经验主义和机会主义。如果说其外交政策的方向是这样，那么他在国内事务的处理上就愈发如此。他的机会主义极大程度上是模仿慈禧太后——巧妙地操控社会公众舆论和其对朝中政治的影响；并且他还拥有皇太后的精明，能在给反对力量造成的不利后果中保持对自己有利的平衡。

李鸿章有可能成为一名令人钦佩的政党政治家。不幸的是，在他的时

△ 1871 年，李鸿章。

代，不可能向广大群众发出雄辩的号召以使其摆脱政治上的无知。尽管维新派坚决地否认这种情况，但在天朝没有政党机器的土壤——不可能有投票箱，甚至不可能让选民在两个同样不受欢迎的候选人中进行选择。对于李鸿章这样的实用主义者而言，孙逸仙和康有为的梦想虽然都很吸引人但无利可图：他们随意谈论投票与选举、议院与民主政府之类的话题，除了得到造反（他不愿意造反）的罪名外，其他一无所获。他相当准确地预判到，为了得到一种空洞精神的字面意义而进行尝试，结局就是（在其去世十年后确实发生了），这种飘渺美好的幻想会破灭，因为那些领着国家俸禄的人无耻地争夺公共管理的肥差。但是如果在中国，存在政治意识半觉醒的选民，存在为其解释疑惑的材料，存在民主化所需要的政党资金，那么，李鸿章有可能成为一位理想的政党领袖和首相。虽然他可能没有建设性的政策（除了瓜分鱼肉的决策），但他确实在处理复杂局面的方面经验老道。若他可以将党派政治的机构变成由口齿伶俐的律师和敏锐精明的财政家所组成的阵营，而不是一帮贪得无厌的亲戚和地方亲信对公款的贪婪掠夺，那么他的才智就能找到其真正的用武之地。李鸿章总是能把谨慎的观察力和杰出的鉴别力相结合以便在危机时刻可以随机应变，选择政治阵营：他无穷的勇气和力量源泉只有在危险时刻更加引人注目。他带给人一种爽快又亲切的感觉，具备圆滑的处事能力，能和不好相处的人把道理讲通，这些使他成为政党机器的理想操控者和突发事件中的公众舆论倡导者。

然而，实际情况是，他在国内的政治地位极大程度上受到当时所处环境限制的影响。其原因正如以上所阐述过的那样，首先因为与湖南集团暗中勾心斗角；其次因为对不切实际的广东立宪改革派持温和的反对态度，支持清王朝的特权；最后因为太过投入地反对义和团运动，同时又不断证明自己对最高权威慈禧和满族天子始终不渝的忠诚。

对义和团运动的态度是他终身所持观点的逻辑根源，这个观点影响了他对于所有国内外的政治活动的处理方法——也即必须无条件避免所有可能引发和欧洲列强发生碰撞或摩擦的导火索，直到中国在教育和军事准备得当能够成功抵御外来攻击为止。李鸿章本人无疑和张之洞一样是排外的，内心轻视西方物质文明，但是在义和团运动的危机中，高级将领中只有他一人有勇气坚持自己的政治信念，敢于公开斥责老佛爷行为愚蠢。如果中国有能力将外敌逼退回海里，那么如端亲王所言，他坚信李鸿章一定会身先士卒。但是李鸿章清楚地认识到这不现实，所以他一直冷静地避免和欧洲列强发生冲突。

李鸿章对维新派的态度更为复杂。从他担任直隶总督开始，他决策的显著特点就是鼓励在各方面进行"师夷"。事实上教育改革在他的防御准备工作中至关重要，大多直指经济战和工业战；他还提倡雇佣接受西方的艺术和科学教育的公职人员，支持引进铁路和电报。他主张从根本上告别官僚传统，主张授官职给赴美留学先驱容闳等广东人，他们中有些人甚至不具备中国官员不可或缺的士子资格。他创办由外国教师指导的陆军和海军学校，在天津创办医学院，在观念和实践上证明了他相信西医科学的优越性。本质上来看，他的政策抛弃了那种古老的传统观念——只要能够旁征博引或是能够随手著成翰林文章，就有资格在战场上率领军队或者掌握地方的经济大权。他本人的经历为这个古老的传统提供了佐证，他毫无偏见的首创精神可以证明他的政治才能。

由于当时中国十之八九的维新派都受到了"西学"的影响，改革者们自然都想得到李鸿章的同情与帮助。若是他们的革命性的政治计划目标明确，康有为的雄心勃勃的方案也不是以推翻清王朝为目标的话，那他们的期望肯定能够实现。只要改革运动能够从本质上走一条温和路线，李鸿章的态度总是同情他们；他最终否定康有为及其同伴，是由于他认为他们操之过急了。像慈禧太后一样，李鸿章的思想与行为的所有原则都建立在"中庸之道"的基础上；他目标明确地改革，但不相信革命。因此，晚年的李鸿章夹在红火的广东革命者和坚决支持义和团的满人之间，遭到双方的顾忌和怀疑。

按照广东作家林文庆的说法，李鸿章在南方并非不受欢迎："他确实把难以管理的广东省治理得井井有条，因为人们都害怕他。他年轻时凶神恶煞的形象在坊间流传，他夸耀说人民敬畏他的名讳。"这是在他逝世几个月以前写下的，那时戊戌变法失败的伤痛已经被义和团的喧嚣所淹没。作为康有为的拥护者和满清皇室的政敌，这个半美国化的广东派在书中表明了他对李鸿章的看法："尽管他在政治决策上的习惯异于常人，他仍然是中国改革真正的先驱人物。"像其他很多人一样，林文庆也将阶级利益曲解为国家目的；他和广州人之所以对直隶总督敬仰，主要是因为在那个时期，李鸿章打破了对文人戒备森严的防卫，邀请他们到地方衙门任职。在 1898 年 9 月那些阴森森的日子里，慈禧严厉地扼杀了年轻皇帝愚蠢的梦想，并将他监禁起来。这使李鸿章的处境变得非常难堪，改革者对此非常失望；但是那些了解他的人对他的路线不曾有丝毫怀疑。当时康有为和梁启超在上海创办《时务报》，和张之洞和刘坤一（长江流域的两位总督）一样，李鸿章也对其中有关政治和经济的建议表现出强烈的兴趣；和翁同龢（德高望重的帝师）一样，李鸿章钦佩这些才华横溢的学者阐明新思想的洗练文风，他还协助将这些作品引入宫廷。这样的态度完全与他在教育改革中的政策如出一辙。他支持那些自称百科全书编纂人的学者，只要他们的作品符合他的观点——学习欧洲艺术和技术以使中国变得强大；而当他们要把这个国家引向顽固守旧的方向，李鸿章在一旁观看，悲哀超过愤怒，任由时态按照"老佛爷圣怒"所致的激烈进程发展。林文庆写道：

> 李鸿章私下同情维新派，但是在公开场合却疏远他们。他当然知道维新派能救中国，但他自己的改革计划十分可悲地失败了，以至于他或许觉得自己不该在刚刚经历过麻烦之后马上就去捅马蜂窝。他没有加害维新派的温和态度进一步证明了他的良知。当他奉命去捣毁康有为祖先的坟墓时，他没有执行圣谕；当改革者的亲戚被他抓到时，他也仅是将之关押起来。但是他不敢公开表现出与老朋友的关系，也不敢显露一丝同情。

李鸿章很乐意把受过外国教育的人安排在身边帮他处理总督职位的工作，如唐绍仪、伍廷芳和李凤苞等，还雇佣了一些来自欧洲和美国的顾问和助理，足以证明他的进步倾向；但是，康有为所发起的改革运动在本质上来说是政治性的，并且是反对清王朝的，如果有些革命者对李鸿章并没有对这个运动采取支持的态度而表现出失望的话，可以说他们不懂得将李鸿章的事业和公众的评论区别来看。

林文庆在书中的描述很客观，李鸿章此时的处境比较尴尬，可以说是如履薄冰。从海外回到国内后，他不再是那个可以在天津任总督时呼风唤雨的人物了，他只是总理衙门中的一份子，归恭亲王荣禄管理调遣，既没有威望，也没有权力。他的政敌众多且狡猾；在一些密疏中，他被控诉将中国北方的属地卖给了俄国。康有为和他的朋党作为光绪帝的幕僚，地位急速上升，坚决不同意和解；那些拒绝接受这种强烈的改革观念的人被宣布为皇帝的反叛者，同时被剔除。因此，最初在朝中支持康有为的翁同龢于 6 月 15 日被解除官职。一直作为约束力量的恭亲王奕䜣，也在这之前两周去世。荣禄调任天津总督，将总理衙门留给软弱无力的庆亲王奕劻主管。李鸿章的转折发生在 9 月 7 日，当时他被解除了官职。事实上，改革派并不指望老练高明的老总督给予同情；然而正如林文庆和其他人所证实的那样，李鸿章对他们并无恶意，也不因为他们后来的倒台和君王的不幸而窃喜。

相反，正统的儒家思想和对王权尊严的深刻敬意使他疏远了老佛爷的反动行为，最后还公开表示反对。那时候，慈禧对变法运动的煽动者们怀恨在心，满腔怒火，打算把皇帝赶下宝座，羞辱他，整死他，引导满族明确排斥汉族。1900 年 1 月 23 日，所有高官中只有李鸿章（身为文华殿大学士）没有参加觐见。这次觐见中，皇帝被迫签署退位诏书，选定接班人。李鸿章匆忙离开京城，赴任广东省总督。他已经敏锐地预见了满族的有勇无谋很快会驱使他们盲目地攻击一切阻止他们做出激烈反应的人，包括欧洲人。他与长江流域的总督联手抵制了新皇登基的提议，迫使慈禧重新考虑此事，光绪皇帝才得以保命。在中国高层的政治中，李鸿章在勇气、坚定、随机应变等方面的荣誉，是当之无愧的。

慈禧离开京城开始逃亡后，遂发现自己行事错误。她在西安府发出的

《罪己诏》中提到有关教育改革和宪法程序的想法，无疑是当初受到李鸿章的启示。在这件事上袁世凯是李鸿章忠诚的追随者和效仿者，张之洞则像往常一样，出于个人安全考虑而发生态度转变。李鸿章曾提醒慈禧义和团的鲁莽，不是出于某种清教徒的美德，纯粹因为冒这样的风险得不偿失。如今，置身于北京的惨状中，他努力从慈禧财产的废墟里抢救一些东西，敦促她披上懊悔的政治外衣，让商业化的欧洲人和感性的美国人继续抱有"中国觉醒"的梦想。慈禧也听从了他的建议，让李鸿章在死之前知道他的智慧被给予了公正的评断，这使他至少感到一丝慰藉。

很难说李鸿章就立宪政府这个事而言有没有一些确切的观点，或是他曾有没有认真严肃地研究过这个问题，但是可以肯定的是他早在做总督的时候就看出，如果仅仅因为君主专制不再能通过武力来维护其权威，那么对广州人和其他进步者的意见作出让步，以调整专制统治，对满清政府而言不失为一个良策。1901年皇太后回京后又活了七年，李鸿章在这段时间内，特别是在俄日战争之后，仍然做她的顾问。他基本同时照顾到不成熟的维新派和顽固保守的满清贵族两方，构思设计了一些权宜之计。李鸿章根据对日本立宪政府密切观察的经验，意识到有可能在表面上创造一个代议制政府，而实际上仍保留君主专制和统治阶级的特权。直到1898年朝廷仍然没有认识到彻底的改革是必要且不可避免的，维新派同样无法认识彻底的蜕变需要耐心的等待，这必然是一个漫长的成长历程。在这一时期，如同在1860年之前，李鸿章远远领先其同时代人，但是在1896年之后，他的声音就好像在对着一片荒野布道，他谨慎的意见导致他失信于革新派和守旧派任何一方。

李鸿章对于基督教的态度也值得注意，因为在他职业生涯的不同时期，这都对他国内外政策的执行有着重要影响。涉及他的私人交际关系的事，都是情感和理智的一种奇妙结合。他把宗教事务理解为一群聪明的贵族——他们会时而和善地表现出兴趣，时而恼羞成怒，通常傲慢不恭，但是当成为古典的自由思想家时，又对事物宽容以待。随着年纪不断攀升，他的宽厚逐渐转为玩世不恭，但也不是苛刻无情。若我们参考他的观点和经历来看，这并不令人意外。像其他官员一样，李鸿章谴责基督教在中国与佛教的冲突，毫无疑问他完全有理由把其当作国家和平与尊严的威胁；他谴责基督教中与上帝的契约，这毕竟使各阶层各行各业的人慢慢忽略传统的三纲五常，并且这些条约已经超出甚至高于中国官职人员所能触及的范围，显然为政府的工作带来不便；他还谴责众多政治角色假借神的旨意办事（俄国和法国的例子尤为突出），还有基督教（主要是某些美国老师们）反复给社会灌输一些中国和政府当局的政治岌岌可危的观点。但是，尽管如此，李鸿章仍然为个别几个他熟悉的传教士保留仁慈的尊重直至晚年，并对他们自我牺牲的工作致以诚挚的敬意：以他实用主义本性来看，他欣赏先行而后言，以身体力行善行道义的方式宣传布道。因此他还是一个对传道医生热情的崇拜者，为了证明他的信念，他建立了一所免费医院，由一位来自伦敦使团的医生行医。佛士达（Hon. John W. Foster）在 1913 年出版的《李鸿章回忆录》的序言中对李鸿章描述道："他刚成年时如同其他百姓那样，也同样对传教士和他们的工作无知和愤恨，把传教士当作异国的恶魔，对他们的教义嗤之以鼻。但是在稍微了解之后他渐渐改变了看法。"尽管佛士达先生被迫承认"他将基督教义当作哲学或是道德来解读，而没有从精神上真正理解上帝授予我们的使命"，还有"基督教国家的矛盾吸引了他的注意力。他注意到了基督教国家内部的斗争是什么样的以及如何珍视相互之间的切骨之仇"，这些起码说明了李鸿章对宗教的态度是十分温和的。

《李鸿章回忆录》中在 1886 年 2 月的某一天的一段记载，恰当地表现了福斯特先生的看法（尽管从语言上看不出来），他说李鸿章经常讨论宗教间的对比和基督教伦理根基的话题。

这几年我对西方宗教相当仔细地研究过并给予了充分的思考，而且我完全看不出它和我们的哲学思想有什么矛盾之处。相反，孔子学说和耶稣的旨意似乎处于同一高度，其初衷和目的都在于为了全人类更好的进步，包括"异教徒"和基督教徒。我明白这些，所以我若是英国人、法兰西人或者美国人我可能也会成为一个基督教徒，这些国家都信基督教；要是谁能以这些教义为准则来约束自己，那么他将会省去很多麻烦并受人尊敬。外国人不信仰孔子，因为他不需要儒家思想的指导。反过来，在中国也是一样的：我不需要基督，即便我以后需要，我也会信奉我们中国伟大的圣贤和哲学家。但是，我并不会因为我个人对基督教没有诉求而反对它，因为我相信，在中国也许有成千上万的人可能会需要耶稣为他们指点迷津，尤其是当他们在孔子的引导下一些问题没有得到解决时。

因此我总结一下当下一些更机敏的朝臣百官的意见——因为我个人的意见显然能够广泛地从广东传播到北京直至散布整个东部省份——要是一个外国人不受欢迎，不是因为他的宗教，而是在其他方面他令人恐惧。他若是耶稣上帝派来的使者或一个圣贤的弟子，就绝不会令任何人感到恐惧，但他可能会成为国家政治独立或工业独立的潜在敌人。

李鸿章最有才干的秘书罗丰禄（曾在伦敦出任过一段时间的中国外使），指令明确，处事圆滑老道。熟悉他的读者可能会在文中发现他们俩说话的内容和方式有一种奇妙的相似之处，罗丰禄在他们欧洲旅行的时候就总习惯于表达总督的内心想法。

介于和戈登将军的关系（这一点我在之前的章节中提到过），毫无疑问李鸿章对于基督教最初的判断和一些鼓吹者的造谣是对基督教添油加醋的版本。在之后和这位勇敢骑士的交往中，他才认识到了基督教的普世价值和道德诉求。不管从哲学还是伦理的角度来看，基督教关于道德的信条，区别于教条，得到了李鸿章的认可，就像他总喜欢说的，因为他们的精神本质和东方的不谋而合；事实上这也证明了优良的中华文明根基源于道德力量。尽管如此，任何事情都无法让李鸿章忽视宗教问题给中国带来的政治困难和政治危险。在他1867年写下的，也即我在上文已经引用过的《李鸿章回忆录》中，李鸿章适当地提到过这些政治危险的实质。下面我们继续引用其中对李鸿章政策重要陈述的部分：

　　传教士团体不断壮大是一个极其突出的困扰，更大的麻烦可能随之而来，尤其是当它不是异国政府的国家问题的时候。为了宣传他们的准则规范，传播他们的信仰，就现在这一秒，每个省、区、地方都在兴建无数的教堂；普通百姓中有一些会遭到欺骗，还有一些人会为了某种邪恶的目的也加入了基督教。应颁布指令给南北商贸的主管，还有将军、总督、省长、海关总管和道台，要和其相处的异国官员搞好关系以防处理一切事端；当普通百姓行为不端时，当地的公务人员必须进行评判，明确地告诉异国官员这一点将不会造成不必要的麻烦；当他们拒绝改变宗教信仰时，公务人员切莫坚持让他们做违背意愿的事——否则将引起暴动和骚乱，伤害国际友好关系。尊重这一点是修订所有条约的基础，且绝不能有任何附加的条款。

　　在他有机会修正他的观点前不久，有关传教士的问题是外国政府也没有注意到的。他到任直隶总督一年以后，我们发现他与一封草案有关。这是一封由中国人给法国政府起草的非常合理的（但是对于法国来说不愿接受的）的旅行支票，其目的在于管制传教士在各省工作带来的国际问题。这封草案主要说明两点：一、明确传教士在中国领土内的法律地位，控制"政府中的政府"的严峻后果，因其已造成传教士们各自离散，有些甚至改变他们原来的信仰，有些不服从当地权力机构的管辖；二、声明要严格考察改变宗教的人及其家庭背景的必要性。

　　法国方面许多公正的观察员当场支持接受这封提案，然而法国当局和欧洲媒体不鼓励他们这么做。阿礼国（Rutherford Alcock）先生严厉地批评了在1858年《天津条约》中强加给中国的"容忍条款"，他斥责道："为了将整个国家的宗教信仰改变为基督教，就算把劝服的使节移植到《贸易往来条约》中也无济于事且是毫无价值的。"他预见了这反而会"造成失信与骚乱"，而接下来在中国发生的事情也的确悲哀地证明了他的预言。

△李鸿章于 1900 年 7 月访问香港。他和香港总督亨利·布雷克
在九龙到广州火车的开幕式上合影留念。

基督教教堂的激进组织必须，也的确应当为他们造成的所有麻烦和苦难以及遭受折磨的不幸的中国人民承担重任。正如米基先生公正的评断，分析了 1900 年义和团运动爆发的原因，还有 1871 年中国政府的抱怨："暴行和屠杀年复一年不间断地持续增加，异国传教士和中国人之间的矛盾加速恶化。宗教问题演变成了政治结果，近几年来中国屡屡因此遭到领土践踏和掠夺。中国曾经有丰富的宗教事宜的经验，才得以使国家强大人民有德行。"

李鸿章作为中国外交关系的总指挥，宗教问题的政治层面是他所一直关注的。法国表示（遭到德国的质疑）要在中国保护基督教太耗时间太复杂，以现在的情况来看根本说不清楚；要说中国引进了新的高危元素参与到中国纯粹的内政管理层，一点也不为过。中国仅仅是在捍卫和保护自己的领土以防基督教的侵扰，历来主张反对教权的法国绝不是单纯要与中国意愿背道而驰，这完全是挑衅的西方力量想利用宗教活动达到其政治目的的典型案例。

1885 年，中法战争结束之际李鸿章想了一个方法，为了消除法国罗马天主教会在中国的政治影响，使其布道能够更加规范合理地进行，他说服教皇在北京授权一个使者并答应在罗马教廷中可以任命中国牧师。出于这个理由他秘密派遣了一位带有特殊使命的使节去了罗马教廷，约翰·乔治·杜恩（John George Dunn），一个英国的天主教使者，他隐藏身份于上海大东电报公司。杜恩先生同时被授权处理西什库大教堂的各种复杂事宜。大教堂俯瞰整个宫殿，因此冒犯了皇太后和朝廷。西什库大教堂的搬迁工作在长时间的讨论后，尽管耗费中国巨大财力，终于达到了让朝廷和遣使会都满意的结果。但是就此之后，法国政府依然保持专横的态度。为了保护罗马天主教团，法方要求中国安排教廷大使在北京露面，这使中国所有人都更加焦虑。有那么一度好像李鸿章的谈判（通过杜恩先生使用电报）就要成功了，但是教皇最终强制撤回了同意书：法国政府下达最后通牒，以报复性劫掠为威胁要求李鸿章放弃。明目张胆为达政治目的使用宗教劝服作为工具，处心积虑加剧中方对传教活动的怀疑，这样的例子恐怕很难再找到。如果李鸿章在晚年无所顾忌地坦白欧洲力量在其宗教宣传上的别有用心，又有谁会去怪罪他呢？

1882 年，德国政府出于某种原因拒绝应用与法国相同的宗教保护方案，而是坚持让传教士们去德国使馆领取自己的护照。1886 年，在安泽尔主教 (Bishop Anzer) 赴任山东之后，问题变得尖锐起来。1890 年，罗马教廷终于被说服执行新程序，尽管之前意大利提出过一个相似的安排，但是被否决了。这使可怜的中国政府因宗教上不体面的冲突颜面尽失。在北京当值的德国外交使节勃兰特先生（Herr von Brandt）面对安泽尔主教十分坦诚：所谓的"保护传教士"在中国已经构成了政治优势，但德国不会屈服于任何权力。安泽尔主教也是个坦率的人，同时他既是忠诚的德国人也是效忠于利奥八世教皇的神父，他不加隐瞒地吐露他支持法国的"宗教保护"。在安泽尔主教最终决定他的行动之前去咨询了教皇，李鸿章在此空当给红衣主教波拉（Cardinal Rampolla）写信提出一些规范中国基督教的方案。他仍然寄希望于在北京见到可以脱离战马、骑兵和大炮来解决宗教问题的教廷大使，虽然这正是罗马教廷和安泽尔主教所期望的。但是李鸿章和他的圣意都没能攻克心意已决的法国。1891 年 10 月，法国政府给罗马教廷施加压力，说服他们放弃给教廷使节写信并呈递给中国皇帝的计划。这样，在罗马教会非宗教目的的激进分子得以在中国留下来，李鸿章的努力付之一炬。这是第一次中国完全有理有据而另一方完全无理任性，谈判仍然以失败告终。这无疑让李鸿章对接下来传教工作的态度愁苦甚至恼怒；但是值得赞扬的是他从没有把自己的种种为难转嫁到具体的宗教事务上。另外，尽管在国外失利，但他精简了中国内政，他成功镇定地守住了总督的管辖范围内的法律秩序，坚持以国家内务政策消除与异国势力发生摩擦的事端。

中日战争之后李鸿章被解除直隶总督的职务，维新派躁动不安的精神，"师夷"的呼声中充满了自豪感，缺乏知识开始变得可怕。当康有为和他粗蛮的理论扬言要带领整个政府组织卷入破旧习的狂潮时，大多数保守主义文人发现，在这样混乱的局势下，恶魔般的传教布道反而是一道新鲜的屏障。那时的康有为灵感迸发，充满激情地坚信卢梭、米尔和其他欧洲作家制定的政府准则可以直接适用中国以解决腐败问题，提出"政治千禧年"的概念；还有许多传教院，都在教授与宗教无关的世俗教育早已不是秘密，但他们所教的东西完全不适合学生在现存的社会系统中做好一个有用的公民。尽管已经全然意识到新危机的源头与本质，拥有足够开阔的思维的李鸿章没有谴责基督教，也没有怪罪传教院里那些出于善意做世俗教育的热心人。他知道传道院带来的社会干扰因素不像在日本创建的纯世俗教育学校那样无纪律、那样具有革命性质。日本学生粗略吸收了一些民主体制和人权的思想；还有，受到无政府主义的影响，违抗政府机构的命令成了社会总体趋势。他敏锐的直觉已经看到了这些也可能即将在中国发生；但他知道，新酒不能装在中国政经系统的这个旧瓶子里，因此，进口贸易也不能停止。同情和后悔的情绪稍微缓和了李鸿章对维新派，甚至对那些坦白要进行革命的人的强硬态度。为了人们可以以西方的方式学习工作，也为了政府管理上的便利，李鸿章提议应当建立一个学习洋务和医学的学校，这个意见于 1871 年开始实施。1898 年皇太后以极端方式解决了暂时的矛盾；但是李鸿章的政治判断又一次被证明是正确的，在他去世十年以后也就是 1911 年的辛亥革命中——以公众权益，为了那些看不到未来的民众，反叛者发动了一场剧变。

整体来看，李鸿章作为政治家，以沉着的判断力胜出于其他几个著名的同僚（比如南京总督和武昌总督）。因为他能够清醒地认识到，改革是不可避免的，明智的选择是及时做好准备来面对中国的剧变；而且他还知道，想要做好这个准备，可用的资源是贫乏的。而他同时代的官员，没有人意识到任何执政方向修正的必要性，也没有面对危急的心理准备。如果你愿意，可以称他为盲人中的独眼龙；不过这只独眼龙拥有独特的视野。

【第八章】

人物方程式

与其同僚相比，李鸿章无疑更有资格当选为十九世纪中国的缔造者，他的影响甚至超过那位能掌握清朝命运的精明女人。慈禧虽有变化多端、足智多谋的统治手腕，但在中国普通百姓心里，她终究是外来的统治者。随着她的生命结束和清朝灭亡，她的影响力已经消失了。但是李鸿章通过著书立说发挥的影响，他波澜壮阔的事业中的成败得失，在中国人生活的洪流中已留下屡屡波涛。袁世凯，中国最后一任倒霉的独裁统治者，不论是作为朝鲜总办、直隶总督、中华民国总统，还是准皇帝，都是李鸿章经世之道的忠实践行者和传承者，不过他缺少李鸿章的魅力，且时乖命蹇。在欧洲知识分子看来，中国只有为数不多的中国官员和政论家具有明确的思想，他们或多或少都被李鸿章所影响。今天，他代表着最高层的治国智慧和行政活动，无论是传统的保守派还是衣冠楚楚的进步党，有意识或无意识地，其物质与道德的基础，都要归功于他率先认识并敢于承认西方的冲击。

伍廷芳是世故的机会主义者，唐绍仪是东西方文化的集大成者，梁敦彦是彬彬有礼的国务大臣和享乐主义者，孙逸仙是职业的革命家和梦想家，梁启超是妙笔生花的爱国者和思想家，诚然，即使是藏身日本的虚张声势的革命者，如故去的黄兴，或多或少其部分思想、不少的成果，都归因于李鸿章。在华北华中各省的衙门里，中国人现在感觉到从东边来的一种统治压力，意识到北京缺少治国艺术和锦囊妙计。人们提起李鸿章，会把他当作中流砥柱。确实如此，他生来吉星高照，好运伴随他直至走上黄泉之路。无疑，因为在其之后的掌权者中，既没有强大手腕，也缺乏统治智慧，他在中国人心中的身后之名已经冉冉上升。

李鸿章本人对运气有自知之明。像历史上的其他许多伟人一样，他凭借能力和智慧而到达名望与权力的至高点，直到生命的尽头都始终保持一种超然和对自身成功无尽的满足感，这种感情中也不乏迷信的赞叹，往往在频繁考量他这类超凡入圣之人时出现。他身强体壮，智力过人，忍耐力强，博闻强识，专注力强。借助他所创造的历史来研究他的成功，我们发现，运气的因素，尽管只是他事业的开端因素，比起他惊人的身体和智力因素来说无足轻重。除此之外，他还拥有无与伦比的个人魅力，能够引起身边人共鸣，赢得了追随者的忠诚和对手的钦佩。正如我们所见，欧洲的外交官不止一次对这个对手表达了敬畏之意，在危机重重的历史环境下，无论是对中国或对他本人而言，这比其雄辩机智更加意义深远。他堂堂的相貌、和蔼的天性、体现于"中庸之道"的豪爽，一起构成了他的性格。如果说不具备道德上的说服力，至少这种性格是饶有风趣且引人注目的。

李鸿章之所以伟大，是因为在多数儒家传统代表对维新人士从远方传来的呼喊置若罔闻时，他不仅能将《春秋》倒背如流，还能认识到学习西方机械与军事科学的必要性。他对于儒家体系无懈可击的智慧所秉持的信念，始终没有动摇过。但是，他既有典型官僚的傲慢无知，又有精明的知识与宽广的视野，后者才是他拥有了其他人无法企及的审时度势的智慧。他之所以生而伟大，除了非凡的智力与勤奋，一方面是因为自己的努力奋斗，另一方面则是因为他获得了强者的支持。最终，伴随着东西方的第一次巨大碰撞，李鸿章站在了历史的风口浪尖，成为名符其实的关键人物。

约翰．W．佛士达是李鸿章参与《马关条约》谈判时的顾问，在 1913 年"帝准"而出版的《李鸿章回忆录》的前言部分，他对李鸿章歌功颂德，表达了如下观点：

> 李鸿章不仅是当代中华民族最伟大的人物，而且从综合素质来看，也是上个世纪中，全世界最独特的人物。作为文人，他的成就是卓越的；作为军人，他在重要的战役中曾为国效劳；做为经世家，在全世界最古老、人口最多的中国，他在长达三十年的时间里享有民众的赞誉；作为外交家，他的成就使其站在历史上国际外交家的前列。

《李鸿章回忆录》的天才编辑，用独树一帜的语调赞美了李鸿章的成就与事业。但在批评他时，却用上了"维新派"的口吻：

> 李鸿章因为其财富、军队与外交技巧而声名显赫。为了增加财富与影响力，或是为了造福中国，他甘心做个两面派，甚至是十面派。从基督教与儒家的道德标准来看，李鸿章是有缺陷的，但他还是保留了某种隐藏的完整决心，这让他成为一个伟人，一个爱国者。他忠心耿耿地服务他的国家、他的统治者，甚至还有他自己。在长达数十载的为官生涯中，他积累了大量财富，并用于建设一些大型的公共工业设施……
>
> 他是一名保守派，坚守古代的习俗与迷信；但他又是一名进步人士，引入了启蒙思想与改革措施。当他公开承认鸦片危害时，李鸿章仍是全国最大的罂粟种植者之一。他的本格兼有诚实与虚伪，善良的博爱与无情的残忍。在中国人眼中，他既可爱又可恨，既可鄙又可怕，既堕落又高贵……他知道如何让外国人为自己效力。

从这些评价中，立场客观的读者可以读出李鸿章性格的复杂性。如同许多政治家一样，李鸿章往往会在不同的时期与场合，表现出保守主义或

△慈禧（前排中间）与侍从和光绪皇帝的皇后隆裕（左二），她也是慈禧的侄女。

自由主义，诚实或虚伪。与大多数人一样，他具善与恶的双重人格；他的人物方程式中包含着无止境的野心与贪婪的因素，被爱国与忠诚等因素所平衡。那些了解他的人往往能够预测出，在紧急情况下，他的善恶会是哪一方占上风。不过，要对李鸿章的生平进行总体评价，就需要注意：李氏方程式在不同的时期，因数有所不同，结果也有天壤之别。这一点遵循着普遍的法则；然而就他而言，差异更为显著。正如那位自封的编辑露骨的描述：“他既可爱又可恨，既可鄙又可怕，既堕落又高贵。”例如，1895年的败仗让他屈辱不已，并几乎遭受了灭顶之灾。这无疑放大了他对金钱的热爱，让他更加深信财富所具有的安抚作用。于是在他生命的最后几年里，贪财在李鸿章心中占据了统治地位。

李鸿章就职于天津衙门时，繁忙熙攘的政府环绕着现代主义迹象，让大家忘了李鸿章曾是一名翰林院编修、一名儒家学者。对李鸿章来说，文学的传统和圣人的教诲才是神圣不可侵犯的。但是，随着1898年改革危机的爆发，他性格深处的学者特点如同五十年前那样凸显出来。1900年，皇太后由于自己的盲目愚蠢，眼看要失去龙座。尽管李鸿章去广州时曾有人怀疑他的忠诚，但他不可动摇的忠诚压倒了一切顾虑，直至成功地与列强达成协议，挽救了太后的尊严及其财产的残余部分。总之，那些最终决断的权威对他发号施令，在突如其来的危机中左右他的行为。它们是他的守护神和先祖之灵发出的，具有强大的返祖本能，通过世世代代传承下来的家长制的社会体制，以及这种体制导致的残酷的生存斗争，传递给每一个炎黄子孙。

许多欧洲人在思考中国人的和平主义哲学时，会将那种生存斗争的激烈性抛之脑后。然而，它是构成这个国家历史和民族灵魂的决定性因素。这种斗争在士绅阶层和在广大劳苦农民中一样激烈。它残酷的阴影蛰伏在道德公理和仁政学说的漂亮外表之下。李鸿章深知，这是一个成功的官僚在仕途上必经的坎坷；他像一名赌徒，处变不惊，奋勇斗争，充分利用皇家恩宠提供的各种机遇与变数。尽管他明白，精心制定的计划，在任何时刻都有可能被紫禁城内突然刮起的妒忌或贪婪之风所刮倒。在官宦生涯中，李鸿章曾有三次被贬职。正是在那些窘迫的日子里，他将沉着刚毅的品质发挥到了极致。这正是他令人钦佩的主要原因之一。

从性格角度考虑，李鸿章与威严的慈禧太后有不少相似之处。这也在情理之中，因为两人是在同一种话语崇拜和正统的阶级语境的培育下成长起来的。此外，两人都天生具有超常的体力和智力。这些条件自然而然在两人身上产生了一种相似性，那就是敢于冒险的冲动与根深蒂固的传统观念的冲突。何况就李鸿章而言，他对老佛爷的敬佩与忠诚，必然导致他在很多方面以她为榜样。

因此，可以看出两人都具有贵族的高傲大气，而又有平易近人、不拘小节的豪爽；都喜欢大摆排场，却又斤斤计较；两人都有冷血的残忍，却又和善可亲；都喜欢享受生活的乐趣，却又信守坚韧克制之道；都兼备尊贵与鲁莽的气质，且足智多谋，而又十分迷信。总体而言，两人都有机智的幽默感，广博的知识，以及避免走极端的乐观天性。两人都是中庸之道的坚定信徒。

李鸿章常被人称为"东方俾斯麦"，这个称号让他甚感满意。不过，这一比喻并不算太贴切，因为两人的共同之处只有一点，那就是在皇帝身后独揽大权。"铁血"二字从来不适合应用到李鸿章身上，"银血"或许更适合。19世纪80年代，李鸿章权极一时，给予他这个称号的人，都认为他的军队威风凛凛、骁勇善战，他举止豪爽、谈笑自如、外交灵活的表现，都与"铁血宰相"的称谓相符。

实际上，李鸿章与俾斯麦的相似之处甚少。在性格策略方面，李鸿章本质上是个和解派。他声称，自己的外交是机巧型的，依靠政治手腕和头脑智取，绝不鲁莽行事。1900年，鹭宾·赫德爵士独有见地地称李鸿章为"诡计多端的老绅士"，这一简洁的措辞总结了国人对他的一般看法。有理由相信，李鸿章的备战活动，实际上是其精心策划的"空城计"的一部分。对他自己及其腐败的党羽来说，这是收益颇丰的买卖。他那柔软的手指是如何握成坚硬的拳头，实在令人难以想象。

作为一代伟人，李鸿章的软肋，无疑就是对金钱的贪恋。范伦坦·吉尔乐爵士曾与其共事，并借机对他进行研究。1896年，吉尔乐爵士这样写道：

就连他的崇拜者也不否认，在李鸿章的亲友中间遍布着最大规模、最恬不知耻的腐败行径，这些人是他的社会附庸和政治后援；很难相信他自己的双手是干净的，因为他以拥有巨大的财富而著称，许多人说他是全世界最富有的个人，而在中国肯定当之无愧。

我们已经了解到李鸿章的腐败如何深入军队的内部，以及他的任人唯亲如何导致了海军于1894至1895年的惨败：这些都是无法争辩的事实。根据他的两位比较廉洁的同僚及评论家（总督张之洞和刘坤一）所说，李鸿章与慈禧太后身边那个臭名昭著、贪婪的大太监李莲英之间存在金钱交易，导致公开腐败的现象。这与乾隆时期富可敌国的大学士和珅不相上下。的确，维新派的报刊喜欢将李鸿章与和珅作比较，也喜欢回顾一个事实：和珅之所以会下场凄惨，是因为他收受了不义之财，而且唤起了其他人心中的贪念。李鸿章财富的具体数字可能被夸大了，他的财力肯定无法与洛克菲勒家族或罗斯柴尔德家族相提并论。但在中国，这已是一个天文数字。远东地区没有遗嘱验证，也没有遗嘱公证。同时，也没有欧洲那种规避型的匿名财产。这位中国富翁，将大部分积蓄投资于各式各样的零售业（钱庄、典当行、鸦片、食盐和粮食销售处），因为在这些行业，资本可以获得高额利润。于是，他的资产成为公共财产。随着操作范围与贪欲的膨胀，他的富有名声也日益增加。他把另一部分钱财，投资在了有价商品（诸如金条、珠宝、皮毛和翡翠）中。因为突发的暴动和紧急的逃难，动乱与城市沦陷，这些画面总是植根于这个民族的记忆里，并成为永久性的恐惧之源。所以，当李鸿章的幸运之星于1894年底陨落时，民间盛传他的可移动资产，在一个儿子的负责下，被秘密地南移，送回了安徽老家。那些金银珠宝，充栋盈车一般，足足装满了一船。同样的情景，还发生在1901年。慈禧于外地借住了一段时间后，返回北京时携带的财物，装满了整整一节火车。

随着财富的日益增多，李鸿章的贪欲也越来越大。在他与"常胜军"联手镇压太平军时期，已经显露出贪婪的蛛丝马迹。这种贪婪激发了他强烈的支配欲：最明显的例子是，他与戈登和"常胜军"其他指挥官共事时，始终不愿放手给该部支付饷银的资金。他宁愿让官军靠抢掠无助的平民，也不愿从自己的支票本上拨出定期的补助。对于这点，他甚至丝毫不加隐瞒。前文有一章，曾讨论过李鸿章个人的金钱忧虑，这无疑对他的政策产生了影响。在中日战争爆发之初，他的决心就因此被消弱：他顾忌自己在朝鲜的既得利益，担心战争的开销会严重削弱他的私财。这也是不容争辩的事实。

但是，在我们就此对他进行批判和谴责之前，应该记住，盗用公款在东方被视为官僚的权力，以及特权阶级的传统。中国百姓的是非观，已经宽容地把巨额的财富视为官员在公共服务领域取得成功后的报酬。这并不是说百姓不看重官员的廉洁，只是人们认为，为官廉洁有悖常理。人们的尊敬被温和怀疑所中和，就像这种世俗的智慧对张之洞这样廉洁的总督所持的态度一样。对这位贫穷的学者，他们的尊敬里带着些怜悯。不过，毋庸置疑的是，此人的头脑无法向他们传递圣贤的智慧，比如"富人之财是其城堡"，以及"人的礼物，为他开路，能引他到，高位人前"。

李鸿章吸收了东方文明中蛇的智慧，即抓住机会并学以致用。这类智慧标志的社会和政治体制的弊端，在李鸿章身上体现得尤为明显。他在海内外声名卓著，他对多样理念和方法的欣然接受，都是他与欧洲文明相交融的结果。见证过李鸿章作为总督和外交家取得辉煌成就的欧洲人，都希望他能成为新制度的引领者，带领众官僚走出贪污腐败的泥潭。但他们忘记了一点，那就是每个伟人，无论多么杰出，根本上仍是其祖先和教育的产物。正如赫伯特·斯宾塞所说，他无法改变创造了自己的世界：

> 他只是一个时代中的沧海一粟。他和这代人一样，与他们的组织、语言、知识、行为，以及大量的艺术和工具一样，也是巨大力量作用的产物，这些力量已经合作了许多世代……所有由他直接推动的变化，主要原因在于上一代前辈的影响。而所有这些变化，在他这一代中产生也是事出有因，而他正是这些变化作用的直接结果。

也就是说，人们无法对官僚阶层的诚实美德报以奢望，因为那个阶层的理念与行为是受到制度决定的。对于李鸿章，范伦坦·吉尔乐爵士给出了客观的评价：

> 这种体制本身就是一个欺骗性的结构。一个中国人一旦踏上仕途，他就隶属于一个寡头政治集团，这个集团完全与这个国家的其他人分离开来，束缚于其世袭的骄傲，捆绑于其私利的死结。他可以努力保持廉洁，但如果他试图妨碍别人，不幸就会降临在他的头上。

李鸿章从未想要捕捉那些渺茫的希望。与慈禧一样，他谨小慎微地遵循着官场的规则，书写着饱含深情的奏疏。这些文字，关于如何诚信的管理，关于任人唯亲的丑恶与大公无私的美好，以优美的古典文风歌颂着传统的美德。在管理总督事务之外，区别于行政管理者的那些为他管理财政的人，总的来说可以归为一种类型：他们很不适合为公共财政服务。李鸿章的衙门容许捞钱的风气，得到了公众的认可。但在他担任总督的那个时期，衙门臭名昭著，尽人皆知。按照惯例，中国的舆论期望官员们走一条中庸的、介于敛财和尽责之间的道路。

对于李鸿章的女婿张佩纶不知羞耻的无赖行径导致的恶果，我们在前文已有所叙述。张佩纶的例子虽有些极端，却是李鸿章手下那些或提着钱袋，或坐在海关收款台旁边的贪官典型。从这些人身上，可以找到李鸿章的所有缺点，却找不到半点能与之媲美的美德。

与其宫中的党羽李莲英一样，李鸿章生性贪得无厌，甚至连任何蝇头小利都不肯放过。与他在其他方面的宽容不同，他聚敛财富的本能可谓根深蒂固。例如，在 1900 年 9 月，当包括太后在内的所有人，都急切地盼望他从上海北归，以力挽狂澜之时，他的行程却被神秘地推迟了两天。传言说，俄国人劝他乘坐俄国汽船北上，因为那样比坐英国轮船安全。另一种说法是，因为克劳德·麦克唐纳德爵士反对他的议和，而使其滞留了两天。此外还有各种五花八门的说法。李鸿章未能如期赴职的真正原因是，他正设法从上海道台那儿榨取他给圣彼得堡发电报花掉的三千两银子，只是那位道台不肯上当。两人都心知肚明，在当时的局势下，指望朝廷报销这笔钱，实在是白日做梦。李鸿章在自己家中的节俭之道是尽人皆知的。他虽然喜欢美食佳肴，却无法心情愉快地面对付款的痛苦。

在御史们的谴责下，李鸿章任总督期间曾不止一次地被迫公开证明自己的清廉，不过这并不能影响舆论的判断。的确，他积累的巨大财富，以及在重要岗位上任用爪牙的作风，让人们对他的贪贿深信不疑。他的下属在收敛财富时表现出的厚颜无耻，常常产生严重的丑闻，让朝廷不得不斥责他们的保护伞——李鸿章。郑克同，在巴黎未经授权而借款被革职；李凤苞，驻北京的外交官员和巡洋舰的采购者，在海外的活动遭到严厉的批评；盛宫保和张佩纶，沦为中国人最大的笑柄。与李鸿章的手法相比，他们的手段是粗劣的。但面对非议，李鸿章坚定地支持他们。也正因如此，人们将他视为狼狈为奸的利益瓜分者。在处理诸如黄河改造和运粮赈灾这类国家大事时，李鸿章的贪婪无度也玷污了他的名声，与他当年在任江苏巡抚并从事军事管理时无异。

李鸿章的迷信，与他重视普遍常识形成了鲜明的对比。不过，他和慈禧一样，很少因迷信而停止在追逐私人利益或公共政策上的脚步。有充分的证据可以表明，终其一生，李鸿章都深信鬼神的存在，深信天地间存在的无形力量；他与老家那些最卑微的劳力者一样，既相信儒家的不可知论，又具有返祖趋向的超自然信仰。只要涉及守护神和鬼魂，在腰包不会损失的情况下，他总会给予有利的合理怀疑。受他在天津衙门从事的进步活动影响，外国观察家们容易得出这样的结论：李鸿章展示出的原始迷信，只是他对公众情感加以巧妙安抚的一部分，是不真实的。但在这个问题上，他们的判断无疑是错误的。

作为一位正统的儒家学者，李鸿章不会讨论不朽的神灵或魔界的法力，但是对于无形之灵，他从来都是敬而慎之。我们发现，在 1864 年他庄重地奏请皇帝，希望在常州的一座寺庙里立一块皇家荣誉碑，以纪念这里的守护神灵，感激他们协助击败了太平军。1877 年，北方各省遭遇特大旱灾，李鸿章派人去请寒潭的神圣降雨碑，并在事后奏告皇帝：龙王爷对此十分满意。1894 年，我们再次发现，李总督在一份长篇奏疏中庄重地上报朝廷：天津附近大运河河堤某处有个危险的缺口，是一名凶恶的河神所为。最终，这个河神被安抚了，用于供奉的祭品花费甚多，而缺口也随即修复完毕。为了让河神行个方便，朝廷应李鸿章之请，赐予河神功勋和一座庙宇（政府开支）。

不过，一旦李鸿章那务实敏锐的眼光捕捉到了有利可图的机会，这种对古代神话的崇敬和对鬼神的迷信，便退而居其次了。例如，在他的筹划下，第一条在天津和北京间的电报线架设起来的时候，地方保守派破坏电线和电杆，以表达不满。他得到下属报告：破坏是愤怒的风水神灵所为。李鸿章断然否认此事跟风水有关，强令下属严惩破坏者。同样，当吉林的鞑靼将军裕禄极力阻止锦州到吉林的铁路与新唐铁路在奉天连接时，他的理由是：这条线路会打扰那座圣城保护神的休息。李鸿章则回信表达了自己的看法：铺设一条如此必要的铁路，只会改善奉天的风水。在这两个事例中，他都坚持并实现了自己的意图。最终，在 1900 年，当八国联军企图拆除天津老城的旧墙时，绅士与平民联名请求李鸿章阻止这一行径，他们认为：城之无墙，如同女子无裙。李总督拒绝了他们的请愿，回答说：这些旧墙实际上已经失去了城防的作用，拆除之后，对公众更有利。

利用对围墙之下和周边土地的拨款，投机商人赚取了大笔的钱财，这其中有许多外国人，还有李鸿章手下的几名官员。而成千上万不幸的居民，却因此无家可归。李鸿章之所以背弃"旧习俗"，不理会"风水"，往往都是因为经济原因。

鹭宾·赫德有本著作是关于义和团运动后的中国形势与前景。在这本书中，他认为义和团反欧洲运动的部分原因是：欧洲人伤害了中国人民的精神，还触犯了他们的天性。赫德称中国人具有"天生的自豪和自我陶醉式的无知"——他们为民族自豪，为智慧自豪，为文明自豪，为优越感自豪。不过，他们的自豪"受到了外国冲击的极大伤害，使得中国人性格中的其他优点都被惊呆了，无法做出回应"。

毫无疑问，李鸿章满怀民族自豪感。他相信，中国文化相对西方文化而言，具有不可言喻的优越性。他有敏捷的思维能力，因此通常能够把他对实际问题的无知掩藏在睿智的外表之下。不过，与他那位著名的同僚——在武昌的总督张之洞一样，他的无知在很多方面仍然是"昭然若揭"。

直到李鸿章 1895 年出使日本，他从未跨出国门，并以此为荣。除了几本英国教科书的译本之外，他对欧洲文学和自然科学一无所知。甚至在商贸和财政这些实务方面，他也经常误入歧途，自以为是地相信，经典知识所构成的素养，足以让他与外国经营者和金融家分庭抗礼。

不过，与生俱来的聪慧教会他通过许多智力博弈的权宜之计，来掩盖他的知识的欠缺。因此，反而是对手表现得像个傻瓜。跟外国人打交道时，他习惯引导话题，谈他爱谈的事情，向敌营发起口水战，问一些与主题毫不相干的问题。这些问题看似拙劣，却往往经过深思熟虑。利用这个简单的技巧，李鸿章为自己在世界范围内赢得了美名：举世无双的东方外交智多星。

然而，在成为直隶总督之前，李鸿章通过与戈登合作认识到，某些无知对于一个总督而言尚可以原谅，却是中国的弱点。中国应该学习西方，掌握机械设备技术。

由于不熟悉欧洲文明的伦理和思想，他认为中国只要通过教科书掌握那些技术，就能与西方实力相当。他虽然竭尽才智，却似乎并未意识到国家的虚弱并不在于技术，而在于道德。如果不对官僚集团反复灌输强烈的责任感和公益精神，任何军事改革和财政改革都无法有效进行。他认为，只要稍加运用西方自然科学，就可以加强东方之龙的智慧。他在鼓励把大量科学和历史方面的欧洲著作翻译成中文的同时，他主要的乐趣仍然是撰写经典散文以及讴歌神农和嫘祖，并从孔孟著作中寻找智慧管理的源泉。

李鸿章将现代主义上层建筑的经世之术强加于天朝体制。在他看来，现代主义是不可或缺，却又是邪恶的异国产物。1877 年，他讽谏皇帝，设立一所研究外国文学和科学的教育机构。他当时的目的，并不是干扰既存的为登上仕途而设的传统教育，而是希望在官员之外培养一支队伍，去填补熟读孔孟经典之人无法胜任的岗位。

在总督事务中，他常常因为不懂外语特别是英语而感到烦恼，因为这方面的无知，使他不得不跟译员分享官方的最高机密。同时他派人去办理铁路、电报或外交事务，他认为这是对传统教育人才的巨大浪费，因此也是怅然所失。

为了实现明确的目标，他主张"师夷"。到 1898 年为止，他一直被维新派推崇为进步党的领袖。他热衷于为科普读物的译本作序，而这些读本的出版都是由赫德爵士发起，以供预备学校使用的。他以传统文风，为其一无所知的著作主题撰写着赞扬的序言。育树、化学、外科医学或高等数学读本，全部得到了李总督的恩遇。但是，几乎在任何情况下，李鸿章都能抓住机会，在宣传学习科学的好处时，巧妙地暗示：天下并无什么新发明。西方的精妙智慧源自中国的古代天赋。早在皇帝的鼎盛时代，这些知识便以不同的称呼和形态存在了。于是，在一本由在华的传教士医生所写的医学著作的序言中，李鸿章称赞了外国方法在配药和处方上的精准性，但他不忘借此机会提醒读者，一千八百年以前，由班固所记载的医学理论使人一直受益至今。他告诫中国学生，不要因为新观念显得奇怪而不予认可，应把这本书视为与葛洪或孙思邈的理论具有同等价值，在医疗技术上努力做到中西结合。谈到细节时，他认为中国之所以被视为一切知识的源头，是因为早在汉代，对《周礼》的评注中就发现了东方解剖学的精髓。这些说法最能够反映李鸿章的思维习惯。

这种习惯促使他煞费苦心地教导那些为他服务的翻译官和发言人。他最能干的两位副官罗丰禄和伍廷芳，也是颇具辩才的演说家，总是贴心地为李鸿章编造一些"光自东方来"的文章。的确，在李鸿章周游列国期间，罗丰禄有一个习惯，便是在中国圣人的著作中寻找与欧洲科学知识相对应的部分，虽然这种工作实在有些乏味。先人班固的精神注定要出现在每一篇讲话中，它作为各种学问的权威，覆盖政治学、经济学直到航空学。

为了让西方的机械技术为中国人所用，李鸿章主张与外国人自由交往。在这一问题上，他身体力行，雇佣了不少欧洲顾问与技术专家，因此树敌不少。他这样做，可谓公然违抗倨傲排外的国民传统。在实施这一明智的政策之初，他发现在受过教育的国民阶层中，既得不到支持也得不到同情。不过，李鸿章依然坚持到了最后。通过雇佣欧洲顾问，并将年轻人怂往海外最优秀的学校接受教育，李鸿章知道了日本人的成就及发展的方向。他还认识到，中国对外国专家的需求日益紧迫，他做好了挑战保守势力的准备。

▽ 1888 年，金陵制造局为中国最先制造出第一门带车轮移动的架退克鲁森式蹚炮。

李鸿章并不否认以鹭宾·赫德爵士与哈里戴·马格里爵士为首的洋顾问们为中国做出的杰出贡献，他坦诚地认可了两位爵士在公共服务上无私的忠诚和廉正的价值。然而，基于李鸿章官僚的一面，即使是他最了解、信任的外国人，他绝不可能把执行权完全赋予之，尽管这样做能使他们对中国的服务价值更加深远。在对付劲敌与批评者时，李鸿章总体来讲是心胸开阔且慷慨大度的。不同寻常的是，对待国人，他也摆脱了大多数东方人的阴险和嫉妒。但对在中国政府手下担任高层职务的外国人而言，李鸿章却经常表现出主动攻击、怀疑嫉妒的一面。在戈登的事例中，他不加掩饰地无视那位勇敢军官的成就，因为这关系到中国政府的颜面和他自己的功劳。另外，他跟白齐文打交道过程中不愉快的经历，使他自然害怕将任何外国人放在可以独立行使权力的位置上。但就鹭宾·赫德爵士而言，李鸿章对这个为中国做出巨大贡献的功臣，没有任何理由采取不信任，甚至偶尔敌对的态度。在他强大知识的武装上有一个弱点，即：不充分信任和支持任何欧洲人，哪怕对方在过去二十五年里是值得信任的。毋庸置疑，这其中的部分原因，是他不喜欢也不信任对外国人的特权地位。在他个人不满的背后，是公使团的影子。当然，李鸿章对洋人的抵触也有自尊的原因。他厌恶那种征服对外国人委以独立权力和责任的做法，这样的想法正好打了官僚群体自尊的基础。因此，尽管他很清楚赫德完全适合将海关的有效组织扩展到其他公共服务部门，可以带给中国巨大的改善而非危险，但他总是反对拓展这位总税务司的活动范围。当遇到麻烦时，他非常乐意让赫德冲在外交战斗的最前线（如在签订《芝罘条约》时或1885年与法国谈判时），不止一次，他都应该感谢这个在北京为他尽忠职守、足智多谋的爱尔兰人。

1885年，鹭宾·赫德爵士被任命为英国驻华公使。这是李鸿章坚决反对赫德指定总税务司职位的继任者，并建议在这个职位上安排一位值得尊敬但毫无能力的中国官员。结果，海关管理很快就陷入国人的内讧。此外，当朝鲜财政的改革和中国在朝实行宗主国权力势在必行之时，又是李鸿章提出了反对，认为不宜将赫德的那一套运用于朝鲜问题。他宁愿让朝鲜在随意任命的官员指导下风雨飘摇。他任命的是重学术而不讲究实际的冯·莫伦道夫男爵。

最后，在 1891 年，李鸿章或多或至少地参与了一个阴谋，目的是解除鹭宾·赫德爵士的职务，任命一位中国官员出任总税务司。这个阴谋，是由李鸿章那几名受过外国教育的广州副官一手谋划的，这些人既有智慧又有学识，像唐绍仪和梁孟亭。他们嫉恨外国官员表现出来的优秀管理能力，却忽视了一个重要的事实：这些外国人之所以能胜任管理者，并不是因为他们高超的智慧，而是因为他们正直的品质。李鸿章一定明白，海关管理的那句口号——"中国人的中国"，会迅速摧毁大清帝国唯一可靠的税收资源。然而，对赫德地位和权力的嫉妒，使他批准甚至唆使了这个卑鄙的阴谋，并力图离间这位总税务司的多位下属。但这种努力充其量只是"半心半意"，这些人罪恶的企图过于明显，最终还是鹭宾·赫德智胜一筹。事后，李鸿章迅速地撇清了自己，与这个注定失败的计划摆脱了干系。从表面上看，他与总税务司的关系仍然是友好互信的。但是，激起阴谋的野心只是一时受阻，并未消除；1906 年 5 月，阴谋再一次浮出水面。

当时，身居外务部副部长高位的唐绍仪，准备予以回击，欲将鹭宾·赫德爵士与海关管理处置于自己的权力范围内。这一阴谋，最终导致中国最有能力又最忠实的顾问辞职而去。在 1900 年至 1908 年间，鹭宾·赫德爵士受尽了中国政府的忘恩负义和无礼对待，其实种子早在中日战争之前已经埋下，当时的赫德爵士在李总督衙门里工作，权力和名望达到巅峰。

我曾经说过，在某种程度上，李鸿章会嫉妒戈登是很自然的，这从他所处的地位和立场来讲也能够说得通。但这种嫉妒的表现方式暴露了李鸿章狭隘猜忌的性格，这一特点几乎贯穿他与所有为中国服务的欧洲人相处的过程当中。只要太平天国运动一日没有落败，李鸿章就要依靠"常胜军"作为官军主力；一旦太平天国运动的败局锁定，他的主要目标就转为尽一切努力把外国人的报酬和荣誉减到最小，用最小的代价尽快摆脱他们，只保留少量专家在马格里博士（后来的哈利戴爵士）手下，供职金陵机器局。有记载表明，戈登曾坦言，在其为李鸿章服务的后期，后者的态度常常是刻意阻拦，令人不快。巴夏礼爵士也有同样的印象，且这种印象并没有因为李鸿章对舍纳德·阿思本上校狡诈无理的待遇而有所减轻。阿思本上校心直口快，他对李鸿章对待戈登的态度非常不齿，因而断然拒绝了让自己的舰队作为地方力量为李鸿章服务的请求，同时进一步阐明，任何有自尊心的英国军官都不会再在李鸿章手下工作。30年后，英勇的英国皇家海军朗上校为中国忠心服务，换来的却是傲慢无礼和不懂得知恩图报。朗上校的痛苦经历和屈辱使阿思本上校的观点再次得到印证。李鸿章曾不止一次和戈登出现激烈分歧，尤其是屠杀太平军首领那次，每当这时，都是赫德先生（后来的鹭宾爵士）发挥其高超的调停功力，使两人重归于好。后来，是李鸿章间接促成了赫德取代李泰国先生出任海关总税务司，因为是李鸿章明确拒绝接管李泰国—阿思本舰队，李泰国先生才会被取代的。

只要和外国人扯上关系，李鸿章就总是容易忘记自己所受的恩惠，但却绝不会忘记自己给别人的好处。因此，后来当鹭宾·赫德爵士在海外名气大涨，偶有超过他之势的时候；当时任海关总税务司的赫德有时不得不与他有政策分歧的时候，李鸿章便会强调古代的知恩图报，并抱怨这位爱尔兰人喜欢自作主张、独立行事。公正地讲，在遭遇1900年危机之前，鹭宾·赫德爵士一直是一位顽强的战士，他把自己在很多残酷斗争中学到的经验都尽数传给了李鸿章；但他也逐步呈现出半独立性，向中国各内外事务稳步扩张，这又足以引起李总督的嫉妒和恐惧。然而，每当帝国受到严重威胁（如同在中法战争、中日战争和义和团运动中一样），他们就会放下分歧，亲密合作，共同对抗敌人。

除了对身居高位的外国人心存嫉妒、缺乏信任这个缺点之外，李鸿章与那些和自己共事或在自己手下为中国服务的外国人之间的关系总的来说令双方都非常满意。的确，他和慈禧一样，拥有一种难以言说的个人魅力和亲切和蔼的个性。正是这种个性使为他服务之人全都对其死心塌地、忠心耿耿。李鸿章看人的眼光也非常精准独到，他选人时更加看重个人品格而不是技术资质。他时常方枘圆凿，而结果也常常进一步印证了他相信人性方程适应性的官僚看法的正确性。在某些时候，李总督和外国雇员甚至发展出了近乎亲密友情的交情——相对于东西方之间深不可测的鸿沟，他们的交情实在算得上亲密至极了。在听过那么多毁誉参半的各种事件和报道之后，有两个英国人、一个美国人，以及一个德国人赢得了李总督的尊敬和信任；作为回报，他们也一心为李总督奉献，他们就是——欧文医生、亚历山大·宓吉先生、李鸿章的私人秘书毕德格先生，以及天津海关总税务司古斯塔夫·德璀琳先生。李鸿章非常信任德璀琳，除了靠他从鹭宾·赫德爵士以及各国公使团那里获取北京人事相关的准确信息之外，还把很多复杂棘手的谈判都交给了他。与其他欧洲人相比，欧文医生（李鸿章曾不顾家人的强烈反对任命他为自己的私人医生）和毕德格先生看到的或许更多的是作为一个人而不是作为官员的李鸿章；据他们证明，李总督私底下性格非常可爱——在东方家长制传统下，他热爱家人，对家人慷慨亲切。虽然俄国人动用了一切外交手段试图把欧文医生替换下来，但最后还是由他陪同李总督和他那华丽的棺材一起，共同踏上了那趟意义非凡的欧洲之旅；国务上的紧急事件以及女眷的抗议都没能斩断李总督与这位他所信任的爱尔兰人之间的亲密联系。在很多其他情况下，当为中国人服务的欧洲人沦为外交的牺牲品，或为了中央政府更高政策的推行而被选中成为替罪羊的时候，李鸿章也表现出了对公平竞争原则的推崇。正是由于这种特质，使李总督在驻天津外国人中间广受欢迎和尊敬。他们当中热爱运动的人们对他颇为敬仰，因为他们在他的身上发现了中国高官身上所罕见的宝贵美德，那就是坚持己见的勇气和迅速机敏的行动力。他们尤其佩服李总督在国家遭遇惨败、个人深陷险境的黑暗日子里在马关所展现出的刚毅坚韧。在他动身前往莫斯科前夕，天津市政当局为他举办了一场盛大的宴会，以表达对他的喜爱和崇敬之情。在宴会上，主持人祝贺年迈的李总督，祝贺他"成功地经受住了公众责难的风暴，有时对于政治家来说，这便是最大的荣耀"。天津人太了解中国惨败的真正原因，以及李鸿章在海陆军事管理腐败问题上所应负的个人责任了；因此，在表达其情感时，会自觉或不自觉地表现出对李鸿章作为一名按照自己的能力表现的优秀运动员的欣赏。他们对李总督个人品质发自内心的评价令李总督颇为受用，尤

△李鸿章。

其在当时，他的管理才能被放在天平上衡量，并被认为是有所不足。

年迈的李总督在逆境中坚忍不拔，优雅达观中不乏从容睿智，这无疑令人印象深刻。正如义和团运动一样，这是独立于土壤质量的、儒家哲学的良种所生发出的美德。就宫廷和政党政治而言，李鸿章深知，倘若没有慈禧太后的庇护和偏爱，自己拥有的巨大财富将不再是自己的庇护，而成为危险之源。他非常了解慈禧太后会突然冒出来的冲动情绪或怀疑之心；他也知道，倘若有一天，如果她听从了端郡王或其他政敌的建议调转矛头与他为敌，自己的命运甚至整个人生都将陷入危险。然而，即使深知这一切，他仍然坚持自己的路线，绝不为民众的呼声或私人阴谋牺牲自己所坚守的那为数不多的原则。

李鸿章身上这种颇具勇气的道德品质更值得称道，因为在武力方面，他总是秉承谨慎即大勇的原则。在镇压太平天国运动以及后来镇压捻军的过程中，他从不追求在枪口炮火之下博一份虚名，也不率部亲自上阵。他坦言，自己对曾国藩、左宗棠和戈登将军表现出的勇气无比崇敬；但毫无疑问，在其内心深处，他热爱笔锋远胜过刀剑，认为战争的苦痛是不配由上等之人所承担的。但他也意识到，一定要有人去面对战争及其苦痛；同时他也深知，军事荣耀之路也许正是通往权力之路最短的捷径；但在其整个军事生涯当中，他最关心的就是为国家也为自己保住自己所珍视的性命。但在政治和公众生活领域，个人风险无处不在，李鸿章却并未表现出与之妥协或逃避风险的倾向。他冷静沉着、勇敢无畏地玩着经世治国的游戏，像男子汉一样只身涉险，虽然这意味着有时候可能会触犯龙颜，引得老佛爷圣怒。

一个表现李鸿章道德勇气的突出事例发生在其事业早期：1867年，他站在所有文人既得利益和传统的对立面上，向朝廷上呈了一份有关中国对外关系的著名奏疏（前文有引用）。另一个同样重要的突出事例发生在其生命的最后一年：李总督向朝廷上奏，公开谴责并劝诫慈禧太后像义和团一样的疯狂之举。这篇文章的译文在《皇太后治下的中国》一书中可以找到，但由于它有助于我们了解李鸿章的性格，以及他在国家危难之时表现出的高尚勇气，因此值得在此处再次重温：

自古制夷之法，莫如洞悉虏情，衡量彼己。自道光中叶以来，外患渐深，至于今日，危迫极矣。咸丰十年，英法联军入都，毁圆明园，文宗出走，崩于热河。后世子孙，固当永记于心，不忘报复；凡我臣民，亦宜同怀敌忾者也。自此以后，法并安南，日攘朝鲜，属地渐失，各海口亦为列强所据。德占胶州，俄占旅顺、大连，英占威海、九龙，法占广湾，奇辱极耻，岂堪忍受？臣受朝廷厚恩，若能于垂暮之年，得睹我国得胜列强，一雪前耻，其为快乐，夫何待言！不幸旷观时势，唯见忧患之日深，积弱之军，实不堪战，若不量力，而轻于一试，恐数千年文物之邦，从此已矣。以卵敌石，岂能幸免？即以近事言之，聚数万之兵，以攻天津租界，洋兵之为守者，不过二三千人，然十日以来，外兵之伤亡者仅数百人，而我兵已死二万余人矣。又以京中之事言之，使馆非设防之地，公使非主兵之人，而董军围攻已及一月，死伤数千，曾不能克。

现八国联军，节节进攻，即得京师，易如反掌。皇太后皇上即欲避难热河，而今日尚无胜保其人，足以阻洋兵之追袭者。若至此而欲议和，恐今日之事，且非甲午之比。盖其时日本之伊藤犹愿接待中国之使，如今日任田拳匪，围攻使馆，犯列强之众怒，朝廷将于王公大臣中，简派何人，以与列强开议耶？以宗庙社稷为孤注之一掷，臣思及此，深为寒心！若圣明在上，如拳匪之妖术，早已剿灭无遗，岂任其披猖为祸，一至于此？历览前史，汉之亡，非以张角黄巾乎？宋之削，非以信任妖匪，倚以御敌乎？

臣年已八十，死期将至，受四朝之厚恩，若知其危而不言，死后何以见列祖列宗于地下？故敢贡其戆直，请皇太后皇上立将妖人正法，罢黜信任邪匪之大臣，安送外国公使至联军之营，臣奉谕速即北上，虽病体支离，仍力疾冒暑遄行。但臣读寄谕，似皇太后皇上仍无诚心议和之意，朝政仍在跋扈奸臣之手，犹信拳匪为忠义之民，不胜忧虑！

臣现无一兵一饷，若冒昧北上，唯死于乱兵妖民，而于国毫无所益。故臣仍驻上海，拟先筹一卫队，措足饷项，并探察列强情形，随机应付，一俟办有头绪，即当兼程北上，谨昧死上闻！

李鸿章一生功成名就，其秘诀在这两份奏疏中得到了完美体现：一份体现了其远见卓识，另一份则印证了他的道义之勇。至于其他，鹭宾·赫德爵士表达了自己的看法，他认为对于李鸿章事业的成功，运气和环境所起的作用与他本身的智慧同样重要——这种说法既正确又偏颇，因为笼统的归纳往往就是如此。李鸿章之所以能取得成功，其决定因素便是：尽管模糊，但他看到了其他国人未能看到的严峻事实。他人的盲目无知也许可以视为是他的运气，但他本人非凡的洞察力更是成就其伟业的重要原因。尽管李总督有很多缺点，但人们普遍认为，他是30年来的第一人，是他的出现令我们看到了希望，预示着中国期待已久但仍未到来的觉醒。

在上海租界外围的徐家汇矗立着一座李鸿章的铜像，这是克虏伯公司为纪念他而建造的——一方面对李总督过去的照拂表示感激，另一方面也表达了对未来受益的期望。贪婪的李鸿章生活在充斥着让步妥协、交易条约、勒索压榨的污秽气氛当中，并以此为准则行事；日耳曼人为他送上的这一颇具异国情调的纪念正完美体现了其复杂个性当中贪婪、无能以及虚情假意的一面。为了纪念李鸿章，在北京以及李鸿章安徽的老家也建造了一些庄严肃穆的祠堂。同样地，这些祠堂也恰当体现了李总督性格当中高贵的一面——他坚定的爱国之心，他无比的勇气，以及他远见卓识的智慧。李氏子孙会在特定的日子到祠堂祭拜，威严的高官也会按照传统为其举办祭奠仪式；因为即使是在喧嚣的时候，或共和主义如雨后春笋般成长的日子里，儒家传统一直牢牢扎根于中国民众的内心。李总督身后获谥号"文忠"，但作为一位学者政治家，他却把头戴礼帽、身着长衫的官员的敬意引向了相反的方向。克虏伯铜像昭示着他邪恶的一面，而祠堂却是他所有美德的象征；但在这两个地方，都有因为自己的理解而对他心怀仰慕之人。两种崇敬之情，两个不同的纪念物，分别代表了新旧中国两种思想，一个西指，一个东向；在某些轻率的观察家看来，这正是其犬儒机会主义获胜的体现；但事实上，它们恰恰是李鸿章忠实于儒家中庸思想的完美体现。克虏伯铜像不可避免地会使欧洲人联想到中国官僚体系中最坏的陋习和弊端，联想到贪污敛财、后门贿赂，联想到以上一切将会导致的失败与分裂的所有可悲后果；若非如此，这座铜像也许可以作为合适的纪念流传于后世，用来纪念这位宣称并坚信东西方之间的鸿沟终能逾越的第一人。在本国人为他修建的祠堂里，他所有对利益的贪念都被宽恕了，所有的失败都得到原谅，只有美德被人们记住并怀念；但哪怕是最具同情之心、最宽容的人，一看到克虏伯铜像，便免不了会想起他身上那些阻碍其进步计划，使其晚年陷入屈辱境地的致命缺点。

1901 年 11 月 7 日，78 岁高龄的李鸿章逝世；像其生前一样，他一直到死，仍承受着祖国的苦难与错误带来的冲击。他是一个既可悲却又颇具尊严的人物，一方面勇敢地为慈禧抢救劫后余财，一方面拼尽全力，试图减少列强对中国的报复性索求。像其生前一样，他死在了战争最前线，身着沉重甲胄，不屈不挠，永不气馁。皮埃尔·洛蒂在他去世前不久在其位于金鱼巷的肮脏住所见过他一面。之后，洛蒂为李鸿章创作了一副令人印象深刻的画作，画中的李鸿章置身于义和团运动在北京留下的萧索废墟之中。这幅画作是李鸿章英雄气概的鲜明体现。尽管慈禧太后没有听从他的劝告，尽管自己已病入膏肓，但为了慈禧，他仍拖着病体，以坚忍不拔的精神，以寡敌众，极尽自己外交技巧之能事，在各国使团之间制造分歧。即使在临终的病榻之上，他仍不忘抗争，抵制俄国要求割让满洲诸省来偿还"友情"的要求。最终，为慈禧太后争取到体面的和平，为她铺平了返京并返回权力巅峰的道路之后，他便撒手人寰，没能见到老佛爷最后一面成为他唯一的遗憾。慈禧哀悼他的离世，她命令皇室亲王代表皇家对其祭奠，并洒下告别的祭酒；她这样做是对的，因为不管李鸿章有怎样的缺点，他始终都是积极且不可动摇的忠诚的化身。

早在李鸿章应召掌舵之前，中国这艘大船就早已渗水，罗盘不稳，船员士气涣散。不止一次地，李鸿章仅靠自己的领航技术，指挥这艘大船穿过陌生水域的险滩和暗礁，驶入安全泊地；不止一次地，他找来人手，找到办法，补住了船身渗水的漏缝，修补了磨损的风帆。但十九世纪中叶，狂风大作，这艘大船已经无法再安全航行，不适合在这片变幻多端的危险水域前行。如果运气好的话，最优秀的领航者也许可以延缓其瓦解的日期，但其瓦解的命运绝不可能就此逆转。现在的中国所需要的是一位建造大师，而非常人甚至超人所能完成。李鸿章下船之时，中国这艘大船在很多方面都比其上船之时有所改善。多年来，通过大量使用油漆和旗布，李鸿章赋予了中国这艘大船一个勇敢的外表，让人们感觉它似乎可以远航了；这艘大船上所有船员所学习到的如何在未明确标记的海域航行的知识，也都是从李鸿章处学来的。他曾不止一次因为天气的原因不得不丢弃一些货物，有时是领土，有时是主权；而每当在这种情况下，毫无疑问地，他总是过分在意自己的私人货物或商业投资。但归根结底，他是帝国最优秀、最勇敢的掌舵人，驾驶中国这艘大船挂着龙旗安然航行了 30 年。随着李鸿章退出历史舞台，中国再无如此优秀的掌舵之人。今天，中国这艘古老大船浸满了水、孤独无助，内忧外患，危险重重；而李鸿章的智慧、他尤利西斯般的声音，令如今的船员无比缅怀和崇敬。